최단기
빅데이터 분석기사
이론편

2024 필기

최 고의 효율과
단 기 준비에 최적화된
기 적의 수험서

비전공자를 위한 최적의 수험서
최단 기간, 최다 합격 비법서

전국 빅데이터
**콘테스트
최우수상**

빅데이터
**실무
전문가**

한국데이터 산업진흥원
출제기준 100% 반영

머리말

안녕하세요. 훈쌤입니다.

'최단기'라는 컨셉으로 강의를 하고 있는데요. 최단기 빅데이터 분석기사, 최단기 ADSP, 이렇듯 저는 최단기를 가장 중요하게 생각하는 저자입니다.

그 이유는 여러분들이 본업이 있기 때문에, 자격증 시험에 최소한의 시간을 쏟으며 효율적으로 시험에 합격하길 원하기 때문입니다.

자격증 시험은 100점을 맞기 위해, 여러분의 모든 시간을 쏟는 시험이 아닙니다.

그렇기에 여러분들이 짧은 시간 내로 합격이 가능하도록 고민하고, 집필하였습니다. 제 책을 믿고 봐주시는 분들께 감사의 인사를 드립니다.

훈쌤 드림.

이 책의 특징

● 빅데이터 분석기사 1타 강사가 집필

패스트캠퍼스, 1억뷰 N잡, 윌비스 등 빅분기 전문 강사 훈쌤의 유일한 빅데이터 분석기사 이론집입니다.

● 시험에 나오는 내용만 짚는 족집게 별표

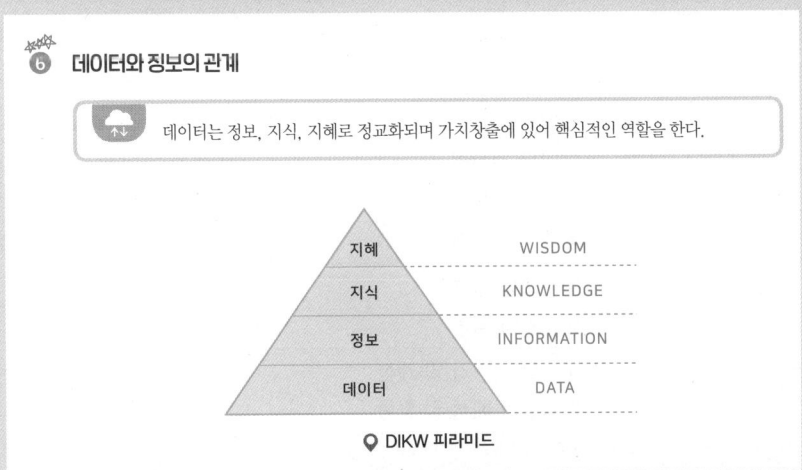

● 합격에 필요한 내용만 구성

시험 합격에 필요한 내용으로만 구성했습니다. 이론편으로 시험 범위 전부 커버 가능한 컴팩트 요약집입니다.

빅데이터 분석기사 자격증 개요 _ ☐ ✕

● 빅데이터 분석기사 정의
빅데이터 이해를 기반으로 빅데이터 분석 기획, 빅데이터 수집·저장·처리, 빅데이터 분석 및 시각화를 수행하는 실무자를 말한다.

● 빅데이터 분석기사의 필요성
전 세계적으로 빅데이터가 미래성장동력으로 인식돼, 각국 정부에서는 관련 기업투자를 끌어내는 등 국가·기업의 주요 전략분야로 부상하고 있다. 국가와 기업의 경쟁력 확보를 위해 빅데이터 분석 전문가의 수요는 증가하고 있으나, 수요 대비 공급 부족으로 인력 확보에 어려움이 높은 실정이다. 이에 정부차원에서 빅데이터 분석 전문가 양성과 함께 체계적으로 역량을 검증할 수 있는 국가기술자격 수요가 높은 편이다.

● 빅데이터 분석기사의 직무
대용량의 데이터 집합으로부터 유용한 정보를 찾고 결과를 예측하기 위해 목적에 따라 분석기술과 방법론을 기반으로 정형/비정형 대용량 데이터를 구축, 탐색, 분석하고 시각화를 수행하는 업무를 수행한다.

● 빅데이터 분석기사 과목별 주요 항목

필기 과목명	문제 수	주요 항목
빅데이터 분석기획	20	·빅데이터의 이해 ·데이터 분석 계획 ·데이터 수집 및 저장 계획
빅데이터 탐색	20	·데이터 전처리 ·데이터 탐색 ·통계기법 이해
빅데이터 모델링	20	·분석모형 설계 ·분석기법 적용
빅데이터 결과 해석	20	·분석모형 평가 및 개선 ·분석결과 해석 및 활용

실기 과목명	주요 항목
빅데이터 분석실무	·데이터 수집 작업 ·데이터 전처리 작업 ·데이터 모형 구축 작업 ·데이터 모형 평가 작업

● 합격 기준

필기시험 합격 기준	실기시험 합격 기준
과목당 100점을 만점으로 1. 전 과목 40점 이상 2. 전 과목 평균 60점 이상	100점을 만점으로 60점이상

● 시험 일정

구분	회차		접수기간	수험표 발급	시험일	사전점수 공개 및 재검토 접수	결과발표	증빙서류 제출기간
빅데이터 분석기사	제8회	필기	3.4~8	3.22	4.6(토)	4.19~23	4.26	4.29~5.9
	제8회	실기	5.20~24	6.7	6.22(토)	7.5~9	7.12	-
	제9회	필기	8.5~9	8.23	9.7(토)	9.20~24	9.27	9.30~10.10
	제9회	실기	10.28~11.1	11.15	11.30(토)	12.13~17	12.20	

● 응시료

빅데이터 분석기사 - 필기	17,800원
빅데이터 분석기사 - 실기	40,800원

합격 및 구매 후기

📁 **Mi*****

우와 훈쌤 강의 대박. 저 필기 76점으로 합격했어요! 진짜 책도 안 보고 딱 패캠 전체 강의 1회 들었는데요! 감사합니다~~

📁 **eu********

선생님 저 77.5점 받았어요~~~ 너무 감사합니다ㅠㅠ 실기도 꼭 듣고 싶은데~ 암튼 공식으로 드고 바로 후기 남길게요~

📁 **CH******

감사합니다. 저도 합격했어요. 68.5

📁 **ps*******

비전공자입니다. 이론에 힘을 너무 빡 준 다른 책들이 많은데, 이 책은 기출문제도 다 있고 개념 설명도 깔쌈하게 가독성 있어서 잘 산 것 같습니다요.

📁 **nu*****

본 책으로 빅분기를 다시 준비하려는 수험생입니다. 그동안 시중에 적당한 책이 없어서 너무 힘들었는데 좋은 서적이 나와서 공부 열심히 해서 합격까지 인증하겠습니다.

📁 **r************7**

비전공자이며 독학용으로 구매했어요. 두꺼운 수험서는 문제만 풀고 내용은 보지 않을 때가 많아서 적당한 두께의 이 책을 구매했는데 만족합니다! 핵심적인 내용이 간략하게 적혀 있어서 가독성이 좋다는 점이 가장 맘에 들어요~ 빅분기가 시행된 지 얼마 안 돼 정보가 없었는데 최신 기출문제까지 들어있어 좋네요.

📁 **t*******4**

기본서는 최단기로 준비 중인데 가성비가 너무 좋은 것 같아요. 사실 책을 하나만 구매하는 것이 아니라 저렴한 책을 찾고 있었는데, 설명도 깔끔하고 기출문제랑 해설도 다 들어가 있어서 잘 고른 것 같아요! 일단 책 두께도 적당하고 그래서 가지고 다니기 편합니다. 그리고 실기 필답형 문제도 들어가 있네요ㅎㅎ 나중에 실기 시험 준비할 때 좋을 것 같아요.

📁 **p*****4**

가격이 저렴한데 책 완성도가 높아요. 만족.

목차

1 PART 빅데이터 분석 기획

Chapter 1 빅데이터 이해
- Sector 1 빅데이터 개요 — 12
- Sector 2 빅데이터 기술 — 22
- Sector 3 빅데이터 제도 — 28

Chapter 2 데이터 분석 계획
- Sector 1 분석 방안 수립 — 32
- Sector 2 분석 작업 계획 — 41

Chapter 3 데이터 수집 및 저장 계획
- Sector 1 데이터 수집 및 전환 — 45
- Sector 2 데이터 적재 및 저장 — 50

2 PART 빅데이터 탐색

Chapter 1 데이터 전처리
- Sector 1 데이터 정제 — 56
- Sector 2 분석 변수 처리 — 61

Chapter 2 데이터 탐색
- Sector 1 데이터 탐색 기초 — 67
- Sector 2 고급 데이터 탐색 — 76

Chapter 3 통계 기법의 이해
- Sector 1 기술 통계 — 85
- Sector 2 추론 통계 — 94

3 PART 빅데이터 모델링

Chapter 1 분석 모형 설계
- **Sector 1** 분석 모형 구축 —— 104
- **Sector 2** 분석 환경 구축 —— 108

Chapter 2 분석 기법
- **Sector 1** 회귀분석 —— 112
- **Sector 2** 분류 모형 —— 119

Chapter 3 고급 분석 기법
- **Sector 1** 고급 통계 분석 —— 131
- **Sector 2** 딥러닝(Deep Learning) —— 143

4 PART 빅데이터 분석 결과 해석

Chapter 1 분석 모형 평가 개선
- **Sector 1** 분석 모형 평가 —— 154
- **Sector 2** 분석 모형 개선 —— 161

Chapter 2 분석 결과 해석 및 활용
- **Sector 1** 분석 결과 해석 —— 169
- **Sector 2** 분석 결과 시각화 —— 172
- **Sector 3** 분석 결과 활용 —— 174

최단기 빅데이터 분석기사

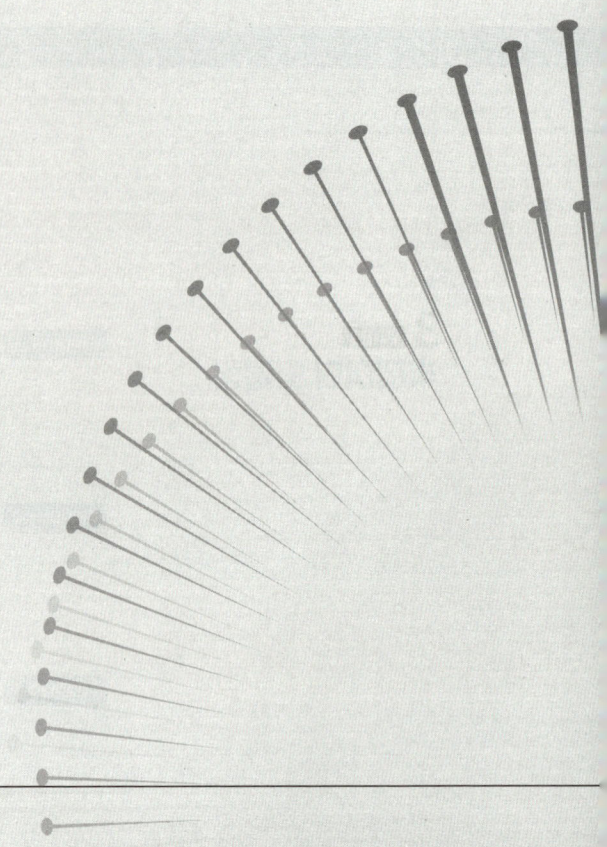

PART 1

빅데이터 분석 기획

CHAPTER 1 빅데이터 이해

CHAPTER 2 데이터 분석 계획

CHAPTER 3 데이터 수집 및 저장 계획

Chapter 1 빅데이터 이해

Sector 1 빅데이터 개요

1 데이터란?

> 라틴어 dare, '주어진 것'이라는 의미로 1646년 영국 문헌에서 등장하였다.

❶ 데이터의 정의
- 논리적 추론과 추정의 근거가 되는 사실이다.

❷ 데이터의 특징
- 다른 객체와의 연결 속에서 더 큰 가치를 만들어 낸다. 객관적 사실이라는 존재적 특성과, 추론·예측·전망·추정의 논리적 근거가 된다.

❸ 데이터의 분류
① 정성적 데이터 : 수치가 아닌, 텍스트나 추상적 묘사로 이루어진 데이터이다.
    ex 텍스트 파일, 문장, 서술형

② 정량적 데이터 : 수치로 이루어져 있으며 계량적 데이터라고도 한다.
    ex 엑셀 시트, 데이터베이스, 통계치

❹ 데이터의 유형
① 정형 데이터 : 정해진 구조로 고정된 필드에 저장된 데이터. 연산 활용도가 높다.
    ex 관계형 데이터베이스, 스프레드시트 등

② 비정형 데이터 : 형식이 정해지지 않은 대부분의 데이터. 연산이 어렵다.
    ex 동영상, 이미지, 음성, 문서, 메일 등

③ 반정형 데이터 : 데이터 형식과 구조가 유연하고, 연산이 불가능 한 파일 형식의 데이터
　ex JSON, XML, HTML

♀ xml 예시

❺ 데이터의 역할

> 지식 경영(Knowledge Management)의 핵심 이슈인 '암묵지'와 '형식지'의 상호작용에 중요한 역할을 한다.

① 암묵지 : 오랜 경험과 학습을 통해 개인에게 습득된 '**무형의 지식**'으로, 전달과 공유가 어렵다. 시행착오를 겪으며 발전되어 체계화된 지식이다.
　ex 자전거 타기, 김장 담그기

② 형식지 : **형식화된 유형의 대상**이 있어 지식의 전달과 공유가 용이한 지식이다. 내면의 지식이 외부로 표출된 형태이다.
　ex 비디오, 메뉴얼, 교과서, 자료

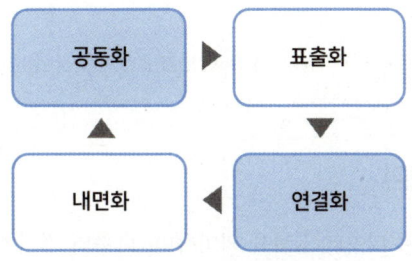

♀ 암묵지와 형식지의 상호 작용

- 공동화 : 서로의 지식을 공유하며 암묵지를 발전시킨다.
- 표출화 : 내면의 암묵지를 외부의 형식지로 표출화, 실체화된다.
- 연결화 : 형식지들 간에 구조가 연결, 분해되며 체계화되어 정리된다.
- 내면화 : 체계화된 형식지를 학습하여 다시 암묵지로 습득하는 과정이다.

6 데이터와 정보의 관계

> 데이터는 정보, 지식, 지혜로 정교화되며 가치창출에 있어 핵심적인 역할을 한다.

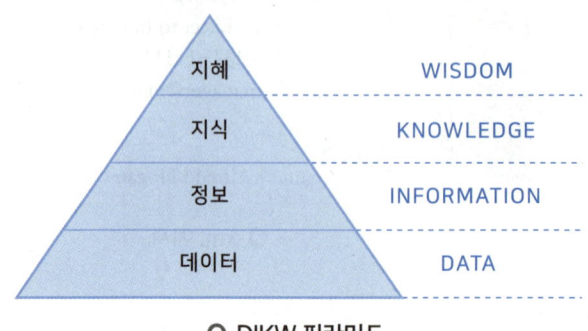

◉ DIKW 피라미드

〈데이터와 정보의 관계 예시〉
① Data : A 문방구는 지우개가 500원, B문방구는 지우개가 1000원이다.
② Information : A 문방구 지우개가 더 저렴하다.
③ Knowledge : 지우개를 사려면 A문방구에서 사는 것이 더 좋다.
④ Wisdom : A 문방구는 다른 상품도 B 문방구보다 저렴할 것이다.

2 데이터베이스

> 데이터베이스(Database)라는 용어는 미국 정부가 군비 상황을 집중 관리하기 위해 컴퓨터 기술로 데이터를 한데 모은 것에서 시작되었다. 자료가 모인 곳을 '데이터 기지(Database)'라고 명명하였다.
> ➡ 1963년 6월, 미국 SDC(System Development Corporation)에서 공식적으로 처음 등장하였다.

❶ 데이터베이스의 정의

- 체계적으로 정렬된 데이터 집합을 의미하며, 다수의 컨텐츠를 **정보 처리 및 체계적으로 수집·축적**하여 활용할 수 있도록 정리한 정보 집합체이다.

❷ 데이터베이스 관리 시스템(DBMS: Data Base Management System)

- 데이터베이스를 구축 및 관리하고 유지할 수 있도록 하는 소프트웨어

종류	설명
관계형 DBMS	테이블, 레코드 및 필드로 구성되며 SQL을 지원하는 DBMS
객체지향 DBMS	멀티미디어 데이터 지원이 가능하며 정보를 객체로 표현하는 DBMS
네트워크 DBMS	계층형 트리가 확장되어 망 형태로 구성된 복잡한 그물 관계의 DBMS
계층형 DBMS	데이터의 관계를 트리구조로 정의하여 부모/자식 노드를 갖는 DBMS

SQL(Structured Query Language)
- 데이터베이스에 접근할 때 사용하는 언어이다.
- 질의문을 통해 데이터를 정의하고 조작할 수 있다.
- 테이블 단위의 조작으로 데이터 전처리에 유용하다.

❸ 데이터베이스의 정의

① 통합된 데이터(Integrated data) : 여러 데이터가 통합되어 중복 최소화
② 저장된 데이터(Stored Data) : 컴퓨터의 저장 장치에 저장된 데이터
③ 공용 데이터(Shared Data) : 여러 응용 시스템과 사용자가 공동으로 사용
④ 운영 데이터(Operational Data) : 조직 운영과 기능을 위한 목적을 지님

❹ 데이터베이스의 특징

① 실시간 접근성(Real Time Accessibility)
② 계속적인 변화(Continuous Evolution)
③ 동시 공유(Concurrent Sharing)
④ 내용에 의한 참조(Content Reference)

❺ 데이터베이스의 활용

① OLTP(Online Transaction Processing)
- 데이터베이스의 정보를 수시로 갱신, 처리하는 개념이다. 데이터 처리가 주 목적이며, 여러 단말기에서 보낸 메시지에 따라 데이터에 접근하여 즉시 처리, 반환하는 형태를 말한다.
  - ex 재고관리 시스템, 주문입력 시스템

② OLAP(Online Analytical Processing)
- 데이터베이스의 정보를 분석하고 의사결정에 활용할 수 있는 가치를 창출하는 개념이다. 대용량의 업무 데이터베이스를 구성하고 BI(Business Intelligence)와 같은 고차원 분석에 활용한다.

OLTP가 자동화 중심이라면, OLAP는 분석·조회 중심의 개념이다.

종류	OLTP	OLAP
데이터 구조	복잡	단순
데이터 갱신	순간적	주기적
데이터 특성	트랜잭션 중심	주제 중심
사용 빈도	높음	보통
업무 형태	정적	동적
사용자	단순 사용자	전문가

❻ 데이터 웨어하우스(DW-Data Warehouse)

- 데이터 축적뿐만 아니라 분석 기능까지 포함하여, DBMS를 통합 관리하며 효율적인 의사결정을 돕는 시스템이다.

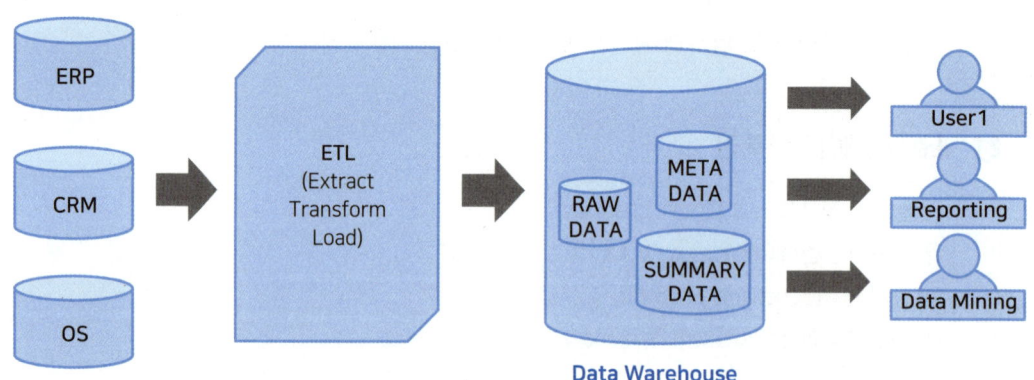

📍 데이터 웨어하우스 다이어그램

- 데이터 웨어하우스는 ① **주제지향적**, ② **통합적**, ③ **시계열적**, ④ **비휘발적** 데이터의 집합을 의미한다.

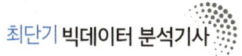

❼ 사회 분야별 데이터베이스 종류

분야	종류	명칭
유통	KMS(Knowledge Management System)	지식관리시스템
물류	CALS(Commercial At the Light speed)	통합물류 생산시스템
지리	GIS(Geographic Information System)	지리정보시스템
지리	LBS(Location Based Service)	위치정보시스템
교통	ITS(Intelligent Transportation System)	지능형 교통시스템
교육	NEIS(National Education Information System)	교육행정정보시스템

3 빅데이터 개요

> 기존 데이터보다 너무 방대하여, 기존 방법으로는 수집/처리가 어려운 정형 및 비정형 데이터를 의미한다.

❶ 빅데이터의 등장

① 데이터 처리 시점이 **사전 처리에서 사후 처리로** 변화하였다.
② 데이터의 가치가 **질보다 양으로** 중요도가 달라졌다.
③ 분식 방향이 이론적 인과관계에서 **단순한 상관관계로** 변화하였다.
④ 데이터 수집이 표본조사에서 **전수조사로 보편화되었다**.

❷ 빅데이터의 특징

● 3V(Volume, Variety, Velocity) + 2V(Veracity, Value)

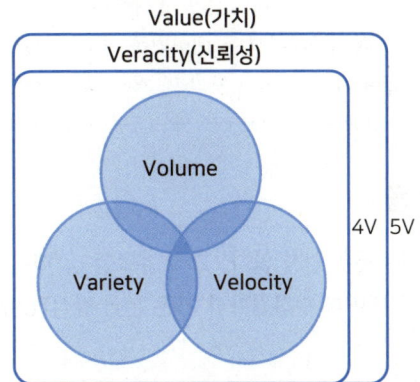

Volume : 크기
Variety : 다양성
Velocity : 속도

❸ 빅데이터의 기능

- 빅데이터는 현시대에서 ① 산업혁명의 석탄, 철, ② 21세기의 원유, ③ 렌즈, ④ 플랫폼 역할의 기능을 한다.

자원	기술	인력
빅데이터 • 데이터 자원 확보 • 데이터 품질 관리	빅데이터 플랫폼 • 데이터 저장, 관리, 처리 기술 • 자연어 처리, 데이터 마이닝 등 분석 기술	데이터 사이언티스트 • 통계, 수학, IT 역량 • 비지니스, 커뮤니케이션, 스토리텔링 능력

📍 빅데이터를 활용하기 위한 3요소

📍 빅데이터 활용 사례

종류	설명
연관 규칙 학습	변수들 간 유의한 상관관계가 있는지 찾아내는 방법
유형 분석	군집화를 하기 위해 변수값의 유형별로 분류하는 것
유전 알고리즘	최적화가 필요한 문제에서 의사 결정 시 가장 많은 보상을 받도록 하는 알고리즘
기계 학습	주어진 데이터를 통해 학습하고, 새로운 데이터 입력 시 그 클래스를 예측하는 기술
회귀 분석	독립변수와 종속변수 간의 상관관계, 독립변수의 예측에 사용하는 기술
감정 분석	특정 문서에 대해 문서가 가진 긍정적, 부정적 감정을 분석하는 것
소셜네트워크 분석	특정 개체와 다른 개체 간의 네트워크와 연결 강도를 분석하는 기법

⚙ 4 빅데이터의 가치

빅데이터의 등장 배경

① 산업계 : 고객의 정보를 적극 수집·분석하여 경영 전략에 활용
② 학계 : 유전자, 기후 변화, 우주 시뮬레이션 등 데이터를 연구 도구로 활용
③ 기술의 발전 : 클라우드 컴퓨팅 기술, 데이터 처리 및 저장 장치의 발전, 인터넷 보급, 모바일 혁명

❶ 빅데이터 가치 측정의 어려움

- 빅데이터의 가치를 측정하는 것은 쉽지 않다. 그 이유로는 ① 데이터의 활용 방식, ② 가치 창출 방식, ③ 분석 기술 발전, ④ 데이터 수집원가가 기존 분석 방식과 다르기 때문이다.

① 데이터의 활용 방식 : 데이터 재사용, 재조합이 일반화되고, 특정 데이터를 누가·언제·어디서 활용할 지 알 수 없다.
② 가치 창출 방식 : 데이터의 가공, 활용 방식에 따라 '기존에 없던 가치'를 창출 할 수 있기 때문에 가치를 측정하기 어렵다.
③ 분석 기술 발전 : 기술이 발전함에 따라, 새로운 분석 기법을 적용하여 가치가 없던 데이터도 큰 가치를 찾아 낼 수 있어 측정하기 어렵다.
④ 데이터 수집 원가 : 데이터를 가공, 수집, 사용하는 방법에 따라 비용 요소가 달라질 수 있어 가치 측정이 어렵다.

❷ 빅데이터의 효과

> 빅데이터의 도입과 활용은 생산성 향상, 산업 경쟁력을 상승시켜 혁신을 통해 새로운 가치를 창출한다. 아래는 맥킨지에서 정의한 빅데이터의 사회 경제적 가치 다섯 가지이다.
> ① 투명성 제고로 연구개발 및 관리 효율성 제고
> ② 시뮬레이션을 통한 수요 포착 및 주요 변수 탐색
> ③ 고객 세분화를 통한 맞춤 서비스 제공
> ④ 알고리즘을 활용한 의사결정 지원
> ⑤ 제품 및 서비스와 비즈니스 모델의 혁신

5 데이터 시대의 이해

> 데이터 시대는 데이터의 활용과 발전에 따라 크게 다섯 가지로 구분된다. 데이터 시대는 데이터 **처리의 시대를 거쳐 데이터 통합, 데이터 분석 그리고 데이터 연결, 데이터 권리의 시대로 진화하였다.**

❶ 데이터 시대 변화

① 데이터 처리 시대 : 데이터가 단순한 처리의 대상이었으며, 매뉴얼로 반복된 업무의 자동화가 데이터의 역할이었다.
② 데이터 통합 시대 : 데이터 모델링과 데이터베이스의 등장하였다. 비즈니스 관점의 원인 분석과 보고서를 위해 데이터 웨어하우스가 도입되었다.
③ 데이터 분석 시대 : 모바일 기기의 등장으로 대용량 데이터가 생성되기 시작했다. 이를 위한 하둡, 스파크 등의 빅데이터 기술이 등장하였다.
④ 데이터 연결 시대 : 데이터와 데이터, 사물과 사물 간의 연결이 확산되어 IoT, Open API의 대중화가 시작되었다.

⑤ 데이터 권리 시대 : 데이터의 가치가 올라가며 '마이 데이터', 개인정보와 개인정보에 대한 권리 보호가 요구되었다.

> **마이데이터**
> 개인이 자신의 정보를 적극적으로 관리·통제하는 것은 물론 이러한 정보를 신용이나 자산관리 등에 능동적으로 활용하는 일련의 과정을 말한다 각종 기관과 기업 등에 분산되어 있는 개인 정보를 한 번에 활용할 수 있다.

❷ 데이터 산업 구조

① 인프라 영역 : 데이터가 수집, 저장 및 분석되는 영역을 말한다. 네트워크 장비와 같은 하드웨어, 데이터를 관리하는 소프트웨어가 해당된다
  ex 서버 설치, 네트워크 설치, DB 제공 등

② 서비스 영역 : 인프라 영역의 데이터를 자원으로 활용하여 부가가치를 산출하는 영역을 말한다.
  ex 데이터 컨설팅, 데이터 분석 소프트웨어, 비즈니스 마케팅 등

6 데이터 조직과 데이터 사이언티스트

❶ 데이터 조직의 구성

① 집중형 : 전사의 분석 업무를 특정 분석 전문 조직을 구성하여 수행한다.
② 기능형 : 분석 전문 인력을 따로 두지 않고 각 현업 부서에서 분석한다.
③ 분산형 : 분석 전문 인력을 현업 부서에 배치하여 분석한다.

※ DS: Data Scientist

📍 데이터 분석 수행 조직 구조

❷ 데이터 사이언티스트(Data Scientist)의 역량

- 데이터 사이언스란 알고리즘, 분석 기획, 시스템 등을 동원하여 데이터로부터 인사이트를 도출하는 학문을 말한다. 데이터 과학자에겐 크게 **IT 능력, 통계 능력, 비즈니스 능력** 3가지를 필요로 한다.

① **IT 영역** : 데이터 분석을 위한 컴퓨팅 역량, IT 기반 지식을 말한다.
  ex 데이터 엔지니어링, 데이터 프로세싱 및 프로그래밍

② **통계 영역** : 분석에 사용되는 모델링 능력, 통계적 추론 역량을 말한다.
  ex 확률 모델, 기계 학습, 분석 모델링

③ **비즈니스 영역** : 분석에서 얻은 인사이트를 실제 비즈니스와 연결하는 역량을 말한다.
  ex 커뮤니케이션, 스토리텔링, 프레젠테이션

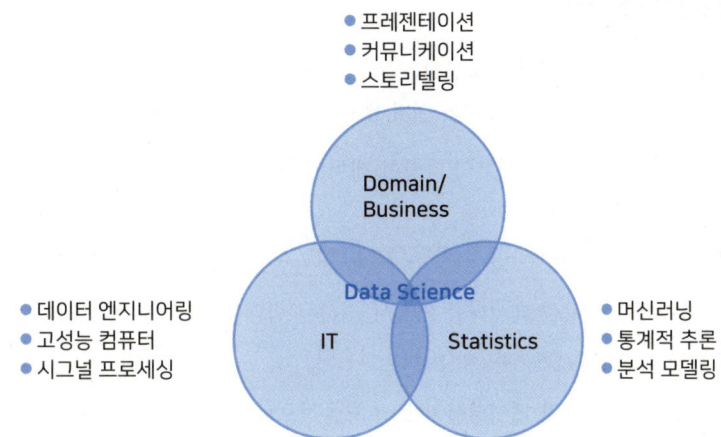

❸ 데이터 사이언티스트 역량 구분

① **소프트 스킬(Soft Skill)** : 데이터 분석과 비즈니스 인사이트를 도출하는데 필요한 인문학적인 요소를 의미한다.
  ex 설득력 있는 전달, 커뮤니케이션, 창의적 사고, 논리적 비판

② **하드 스킬(Hard Skill)** : 실제 분석에 필요한 수리적인 역량과 전문 지식을 의미한다.
  ex 빅데이터 이론 지식, 숙련된 분석 기술, 통계적 역량

Sector 2 빅데이터 기술

1 빅데이터 분석 프로세스

빅데이터 분석 기술에는 크게 6가지가 있다. 각 프로세스의 역할과 필요한 빅데이터 기술을 숙지하여야 한다.

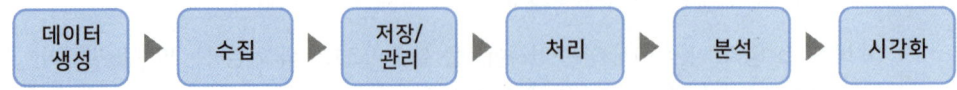

❶ 분석 프로세스 개요

① 데이터 생성 : 빅데이터가 생성되는 소스와 원천 시스템을 의미한다.
   - ex 파일 관리 시스템, 웹 외부망, 설비 센서

② 데이터 수집 : 조직 내/외부의 다양한 데이터 소스로부터 수집 기술을 사용하여 데이터 수집 파이프 라인을 구축한다.
   - ex 로그 수집기, Open API, 크롤링(Crawling), 스크래핑(Scraping)

③ 데이터 저장 : 대용량 데이터를 저장/관리하는 빅데이터의 기본 인프라 기술이다.
   - ex DBMS, HDFS, NoSQL, 분산 파일 시스템

④ 데이터 처리 : 대용량 데이터를 빠르고 효율적으로 처리하는 기술이다.
   - ex 하둡/맵리듀스, 분산 병렬 및 In-Memory 방식

⑤ 데이터 분석 : 통계적 기법이나 분석 모델링을 통해 데이터로부터 인사이트를 얻어내는 일련의 과정을 의미한다.
   - ex 통계분석, 기계학습, 텍스트 마이닝

⑥ 데이터 시각화 : 도출된 인사이트를 전달하려는 목적에 맞게 적합한 시각화 기법을 사용한다.

❷ 데이터 수집 기술

① 크롤링(Crawling) : 무수히 많은 컴퓨터에 분산 저장되어 있는 문서를 수집한다. '기어다니는 사람'이라는 뜻의 Crawler에서 유래하였으며, 수많은 웹 페이지와 사이트를 방문하여 자동으로 데이터를 수집하는 기술을 의미한다.

② ETL(Extract, Transform, Load) : 다양한 소스로부터 데이터를 추출, 변환, 적재하는 시스템이다.

③ 로그(Log) 수집기 : 웹 서버 및 시스템을 사용하면서 발생하는 로그를 수집한다. 시스템이 동작할 때 로그(Log)라고 하는 수많은 흔적이 생성되며 이를 수집, 적재한다.

④ 센서 네트워크 : 센서로부터 발생하는 아날로그 및 디지털 신호를 수집한다. 수많은 센서들이 유무선으로 연결되어 네트워크를 통해 기록된다.

❸ 데이터 저장 기술

① **NoSQL(Not-only SQL)** : 비관계형 DB로, 'SQL만 쓰지 않겠다'라는 뜻의 Not Only SQL이라고 명명하였다. 기존 RDBMS 형태의 정형적 DB를 탈피하여 비정형, 반정형 데이터 처리가 가능하며 유연성을 강화한 DB이다.
   ➡ Hadoop, 몽고DB, 아파치, 카산드라

② **병렬 DBMS** : 다수 프로세서를 사용하여 여러 DB에 질의, 갱신, 입출력 처리를 동시에 병렬로 수행하는 시스템이다. 직렬 시스템과 달리 처리 장치와 디스크를 동시에 사용하여 강력한 성능을 보여준다.
   ➡ Volt DB, SAP HANA, Vertica, Greenplum, Netezza

③ **분산 파일 시스템** : 데이터를 분산 저장하여 데이터 추출 가공 성능을 향상시킨 시스템이다. 네트워크를 공유하여 여러 호스트 파일에 접근 가능하다.
   ➡ GFS(Google File System), HDFS(Hadoop Distributed File System), 아마존 S3 파일 시스템

④ **네트워크 저장 시스템** : 여러 데이터 저장 장치를 하나의 서버에 연결하여 총괄적으로 데이터를 저장 관리한다.
   ➡ SAN(Storage Area Network), NAS(Network Attached Storage)

❹ 데이터 처리 기술

① 분산 시스템과 병렬 시스템
   ● **분산 시스템** : 분산된 독립 컴퓨터나 노드를 단일 시스템으로 취급
   ● **병렬 시스템** : CPU 등 컴퓨팅 자원을 통신 시스템으로 연결
   ● **분산 병렬 컴퓨팅** : 다수의 독립된 컴퓨팅 자원을 연결하여 하나의 단일 시스템으로 사용

② **하둡(Hadoop)** : 분산 처리 환경에서 대용량 데이터 처리를 지원하는 오픈 소스 소프트웨어 프레임워크이다. HDFS, Hbase, 맵리듀스로 구성되어 있다.
   ➡ 분산파일시스템인 HDFS를 통해 대용량 파일을 나누어 저장한다.

③ **아파치 스파크(Apache Spark)** : In-Memory 방식으로 처리
   ● 스칼라 언어로 개발되었지만 스칼라뿐 아니라 Java, R, Python을 지원

④ **맵리듀스(Map Reduce)** : 구글에서 개발한 데이터를 신속하게 처리하는 모델로 효과적인 병렬 및 분산처리를 지원한다. 분산 병렬 데이터 처리기술의 표준이다.

맵리듀스 처리과정	
1단계	데이터를 읽고 분할한다.
2단계	분할된 데이터를 매핑하여 중간 데이터를 통합 및 재분할한다.
3단계	통합 및 재분할된 데이터를 재배열한다.
4단계	배열된 데이터를 리듀스 처리한다.
5단계	출력 데이터를 생성한다.

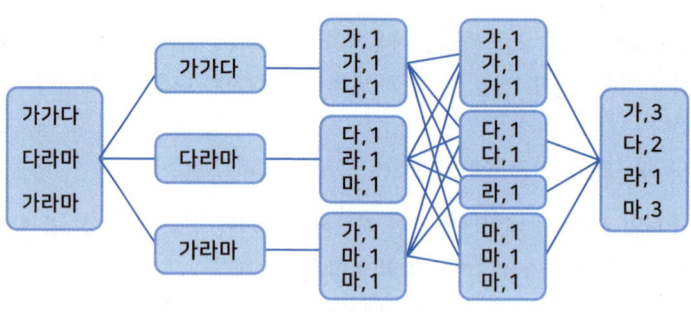

📍 맵리듀스 처리과정

❺ 데이터 분석 기술

① 데이터 분석 방법의 분류
- EFA(Exploratory Factor Analysis) : 탐색적 요인 분석으로, 데이터 자체의 구조나 특성을 파악하여 분석 및 시각화 하는 방법론이다.
- CFA(Confirmatory Factor Analysis) : 확인적 요인 분석으로, 통계적 기법을 활용하여 데이터 간의 추론/인과 관계 등을 파악하는 방법론이다.

② 데이터 분석 방법(※ 3장 빅데이터 분석 모델링에서 자세히 다룰 예정입니다.)
- Classification : 데이터의 클래스 또는 집단을 분류하는 지도학습 기법
  - ex 대출 연체 여부, 얼굴 인식
- Clustering : 대표적인 비지도 학습으로, 특성이 비슷한 데이터를 그룹으로 분류하는 방법
  - ex 고객 그룹화, 품종 카테고리화
- Machine Learning : 인간의 학습 능력과 같은 기능을 모델링한 방법. 지도 학습(supervised learning), 비지도 학습(unsupervised learning)으로 구분
- Text Mining : 자연어 처리 기술을 사용하여 언어학, 통계학, 기계 학습 등을 기반으로 반정형/비정형 텍스트 데이터 정형화
  - ex 신문기사 Topic 추출, 논문 분석

- Web Mining : 인터넷상에서 수집된 정보를 데이터 마이닝 방법으로 분석하는 기법
  - ex 고객 행동 분석, 고객 구매 패턴 분석
- Opinion Mining : 웹사이트와 소셜미디어에 나타난 여론, 의견 분석
  - ex 트위터, 페이스북 여론 분석, 네이버 댓글 분석
- Social Network Analysis : 객체 간의 관계 및 특성 분석
  - ex SNS 인물 영향도 분석, 추천 친구 알고리즘
- Sentiment Analysis : 소비자의 감성과 관련된 텍스트 정보 분석
  - ex 제품 리뷰 분석, QnA 분석

6 빅데이터 플랫폼

① 빅데이터 수집 및 처리 솔루션
- R : 통계 프로그래밍 언어를 기반으로 운영되는 오픈 소스 SW이다.
- 플럼(Flume) : Event와 Agent를 활용하여 대량의 로그를 수집, 처리할 수 있다. 아파치 재단에서 관리되며 로그 데이터를 수집과 관리에 최적화된 소프트웨어이다.
- 스쿱(Sqoop) : SQL to Hadoop의 약자로, 커넥터를 사용하여 RDBMS에서 저장된 데이터를 하둡 파일 시스템(HDFS)로 보낼 수 있다. 또한 처리된 결과 데이터를 다시 RDBMS 저장소로 불러올 수 있다.

② 빅데이터 가공 및 분석 솔루션
- 피그(Pig) : 단어 그대로 '대용량' 데이터 셋을 다루는 스크립트 언어이다. Join, load, Store과 같이 맵리듀스에서 실행하기 어려운 관계연산 API를 단순화시켜 사용할 수 있다. 하둡의 복잡한 ETL 작업을 구현하기 위해 야후 내부에서 개발되었다.
- 하이브(Hive) : 하둡 기반으로 SQL과 유사한 쿼리를 제공하며 내부적으로 맵리듀스 사용한다. 하둡 에코시스템에서 데이터를 모델링하고 프로세싱 하기 위한 '데이터 웨어하우징' 솔루션이다.
- 머하웃(Mahout) : 하둡 기반의 데이터마이닝 알고리즘 오픈 소스
- 임팔라(Impala) : 하둡 기반의 실시간 SQL 질의 시스템으로 HBase와 연동이 가능하며 수초 내로 결과를 확인할 수 있다.
- 우지(Oozie) : 하둡 작업을 관리하는 솔루션으로, 맵리듀스나 피그와 같은 워크플로우 스케줄링 시스템이다.
- 주키퍼(Zookeeper) : 분산 서버에 데이터가 동시에 처리될 수 있도록 하는 분산 처리 솔루션이다.

2 빅데이터와 인공지능

❶ 인공지능(Artificial Intelligence)

① 인공지능의 정의
- 인간의 지능으로 할 수 있는 사고, 학습, 자기 개발 등을 컴퓨터가 할 수 있도록 하는 방법을 연구하는 분야이다.

② 인공지능과 기계학습, 딥러닝의 관계

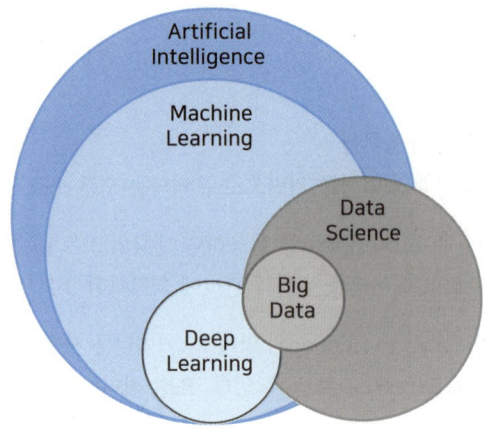

- 머신러닝은 AI라고 하는 인공지능 분야의 하위 세부 분야이며, 머신러닝 분야 하위에 딥러닝과 빅데이터 분야가 포함되어 있다.
- 데이터 사이언스는 머신러닝의 한 분야이지만, AI 분야 외에서도 여러 기술을 혼용하여 폭 넓게 사용되는 범용적인 분야이다.

③ 기계 학습(Machine Learning)
- 지도 학습(Supervised Learning) : '지도하여 학습 시키기'라는 개념으로, 데이터의 정답지와 목표 Y값을 토대로 학습하는 기법이다.
  - ex 분류 모형, 회귀 모형, 이미지 인식, 음성 인식, 신용평가, 불량예측, 주가 예측
- 비지도 학습(Unsupervised Learning) : 정답지 없이 독립변수(X값) 데이터 만을 가지고 Y값을 스스로 학습해 나가는 기법이다.
  - ex 군집분석, 오토 인코더, GAN 신경망, 시뮬레이션 데이터 생성, 텍스트 토픽 분석, 노이즈 제거, 이상 징후 탐지
- 준지도 학습(Semi-supervised Learning) : 목표값이 표시된 데이터와 표시되지 않은 데이터를 모두 학습에 사용한다. 이 경우 지도 학습보다 유연하고 좋은 성능을 낸다.

- 강화 학습(Reinforcement Learning) : 최적의 행동을 선택하도록 하는 학습 방법이다. 특정 의사 결정에 보상과 징벌 점수를 주어, 현재 상태에서 가장 최적화된 행동을 하도록 학습시킨다.
  ex 로봇 제어, 게임 봇, 알파고, 자율주행

④ 딥러닝(Deep Learning)
- 신경망의 단점을 극복하여 깊은 구조로 엄청난 양의 데이터를 학습할 수 있는 특징이 있다. 복잡한 구조의 모형을 사용하지만 강력한 성능으로 여러 분야에서 사용된다.
  ex 이미지 인식, 영상 인식 알고리즘, 자연어 처리, 영문 번역

⑤ 어노테이션 작업(Annotation)
- 어노테이션(Annotation) : 데이터상 주석 작업으로, 딥러닝 등 학습 알고리즘이 무엇을 학습하여야 하는지 알려주는 표식 작업이다. 단순 반복 작업으로 노동집약적이며, 최근 어노테이션을 전문으로 하는 기업도 등장하였다.

Sector 3 빅데이터 제도

1 개인정보 개요

❶ 개인정보에 대한 정의

- '살아있는', '개인에 대한 정보', '개인을 알아볼 수 있는 정보', '쉽게 결합하여' 개인을 알아볼 수 있는 정보를 말한다.
  - ex 성명, 전화번호, 학번, 주소, 사번

❷ 개인정보의 처리와 활용

- 개인정보의 처리 및 활용은 개인정보 소유주의 이익을 목적으로 하거나, 개인정보 처리를 위탁 받은 자가 업무를 목적으로 활용한다.

① 개인 정보의 이전
  - 개인 정보가 제3자에게 이전되거나 공동으로 처리하게 하는 것이다.

② 개인정보의 처리 위탁
  - 개인 정보 처리자가 업무를 처리하기 위해 제3자에게 처리를 위탁하는 것이다. 개인정보를 제공하는 쪽의 업무 처리 및 이익을 위한 경우이다.
    - ex 백화점이 콜센터에 업무를 위탁하는 경우, 쇼핑몰이 택배회사에 업무를 위탁하는 경우

③ 개인 정보의 제3자 제공
  - 개인정보를 제공받으려는 자의 업무 처리와 이익을 위해 개인정보를 이전하는 경우이다. 정보주체의 동의가 필요하다.
    - ex 백화점의 개인정보를 신용카드사가 마케팅을 위해 활용하는 경우, 보험회사가 병원으로부터 진료기록을 제공받는 경우

❸ 개인정보의 보호

♦ 개인정보 보호 조치 및 가이드 라인

구분	내용
비식별화	개인정보가 포함된 공개정보 및 이용내역정보는 비식별화 조치를 취한 후 분석 및 제3자 제공이 가능하다.
투명성 확보	비식별화 조치 후 데이터 처리 사실, 수집 출처 및 활용 거부권 행사 방법 등을 투명하게 공개한다.

재식별 시 조치	개인정보가 재식별될 경우 즉시 파기하거나 추가적인 비식별화 조치를 수행한다.
민감정보 및 비밀정보 처리	특정 개인의 사상, 신념, 정치적 견해 등 민감정보 생성을 목적으로 한 수집, 분석을 금지한다.
기술적 관리적 보호조치	비식별화 조치가 취해진 정보를 저장 및 관리하고 있는 시스템에 기술적/관리적 보호조치를 적용한다.

2 개인정보 법·제도

❶ 개인정보 관련 법률

- 개인정보 관련 법률은 아래와 같이 크게 4가지로 분류됩니다. 각 개인정보 법률의 특징과 목적, 차이점을 숙지하여야 합니다.

① 개인정보보호법
② 정보통신망법[정보통신망 이용촉진 및 정보보호 등에 관한 법률]
③ 신용정보보호법[신용정보의 이용 및 보호에 관한 법률]
④ 데이터 3법 개정안

❷ 개인정보보호법

- 개인정보보호법은 "당사자의 동의 없는 개인정보 수집 및 활용하거나 제3자에게 제공하는 것을 금지하는 등 개인정보 보호를 강화한 법률이다."

① 개인정보의 처리 위탁 : 문서에 의하여 위탁, 수탁자에 대한 교육 및 감독 의무가 있으며 손해배상 청구에 대해 위탁자(업무 처리를 부탁하는 자)가 책임을 질 수 있다.
② 개인정보 처리 위탁과 제3자 제공 기준 : 처리 위탁은 정보주체에게 위탁 내용을 고지할 의무가 있으며, 제3자에게 제공하는 경우 '정보 제공 동의'를 받아야 한다.
③ 비식별 개인 정보 이전 : 데이터를 '특정 개인을 알아볼 수 없는 형태'로 제공하며, 정보 제공 목적과 및 비식별 여부를 사전 검토한다.

❸ 정보통신망법[정보통신망 이용촉진 및 정보보호 등에 관한 법률]

- 정보통신망 법은 "정보통신망의 개발과 보급 등 이용 촉진과 함께 통신망을 통해 활용되는 정보의 보호에 관한 법률이다."

① 개인정보의 처리 위탁 : 정보 주체에게 처리 위탁 내용에 대한 통보가 원칙이나, 이용자의 편의 증진 위해 동의를 거치지 않을 수 있다.

② 개인정보의 보호 조치 : 정보통신 운영 주체는 분실 도난 및 훼손 방지, 정보의 안전을 위해 기술적, 관리적 조치를 할 의무가 있다.

③ 개인정보의 해외 전송 : 국외에 제공 및 처리 위탁 시 이용자의 동의를 받아야 한다. 해외 클라우드 서버를 이용하거나 해외 업체에 데이터를 이전하는 경우 정보통신망법의 규정 검토가 필요하다.

④ 신용정보보호법[신용정보의 이용 및 보호에 관한 법률]

- 신용정보보호법이란 "개인신용정보란 금융거래 등에 있어 신용도 및 신용거래 능력의 판단을 위해 필요로 하는 정보이며, 이를 보호하기 위한 법률이다."

① 개인정보의 범위
- 특정 신용 정보 주체를 식별할 수 있는 정보
- 신용정보 주체의 거래내용을 판단할 수 있는 정보
- 신용정보 주체의 신용도를 판단할 수 있는 정보
- 신용정보 주체의 신용거래능력을 판단할 수 있는 정보

② 개인신용정보의 처리 위탁 : 신용정보회사는 의뢰인의 동의를 받아 다른 신용정보 회사의 신용정보의 수집, 조사를 위탁할 수 있다. 신용정보 처리를 위한 위탁 계약 이행이 필요한 경우, 처리 위탁을 위한 동의는 불필요하다.

③ 개인신용정보의 제3자 제공 : 개인신용정보를 제공하는 경우, 필수적 동의사항과 선택적 동의 사항을 구분하여 설명한 뒤 각각 동의를 받는다.

 기타 개인정보 제공 관련 사항은 개인정보보호법이 적용된다.

⑤ 데이터 3법의 개정내용

① 개인정보보호법 : 개인정보를 개인정보, 가명정보, 익명정보로 구분하고, 가명 정보를 연구 및 공익 활용에 허가한다. 가명정보 이용 시 안정장치를 마련한다.

② 정보통신망법 : 개인정보보호 관련 사항을 개인정보보호법으로 이관한다.

③ 신용정보보호법 : 가명정보 개념을 도입하며, 가명정보를 정보 주체의 동의 없이 이용 및 제공이 가능하다.

빅데이터 시대의 위기
- 사생활 침해
- 책임원칙 훼손
- 데이터 오용

3 개인정보 비식별화

> **비식별화**
>
> 정보의 집합으로부터 요소 대체, 일부 삭제 등을 통해 개인을 알아볼 수 없도록 하는 조치를 말한다.

❶ 비식별 정보의 활용과 보호

- 비식별 정보는 동의 없이 이용 및 제3자 제공이 가능하나, 원칙적으로 불특정 다수에게 공개하는 것은 금지한다. 기술이 발전함에 따라 '재식별' 가능성이 있어 필수적인 기술적 보호조치 이행이 필요하다.

❷ 개인정보 비식별화 조치 가이드라인(※ Chapter3에서 더 자세히 다룰 예정입니다.)

① 사전 검토 : 개인정보에 해당하는지 검토하고, 개인정보가 아닌 것은 활용 가능하도록 한다.
   ex 개인정보 검토, 식별정보 검토

② 비식별 조치 : 개인을 식별할 수 있는 정보를 식별 불가하도록 조치한다.
   ex 가명, 총계, 삭제, 마스킹, 범주화

③ 적정성 평가 : 비식별 조치가 적절하게 이루어졌는지 평가한다.
   ex 익명성, 다양성, 근접성 평가

④ 사후 관리 : 비식별 조치가 된 후에도 재식별 위험을 모니터링하고 안전장치를 관리한다.
   ex 관리적, 기술적 보호조치

> **차등 정보보호(Differential privacy)**
>
> 개인정보 차등보호란 데이터에 수학적인 노이즈를 추가하는 기술을 말한다. 차등 보호를 활용하면 어떤 개인의 정보와 관계없이 주어진 알고리즘이 출력값에 노이즈를 추가하여 개인을 특정 하기 어렵다.

Chapter 2 데이터 분석 계획

Sector 1 분석 방안 수립

1 데이터 분석 기획과 로드맵

 분석 기획의 분류

① 분석 대상에 따른 분류
- 분석 방법과 분석 대상에 대한 정의가 되었는지 여부로 분류한다.

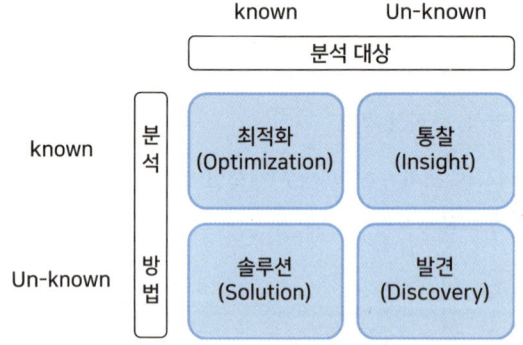

② 목표 시점에 따른 분류 : 분석 목표 시점에 따라 단기적/장기적 접근방식으로 분류한다.

접근방식	목적	내용
단기적 접근 방식	과제 중심적	당장의 과제를 빠르게 해결하기 위한 목적이다.
장기적 접근 방식	마스터 플랜 접근	지속적인 분석 문화를 장착시키고 전사적인 관점에서 과제를 도출한다.
혼합적 접근 방식	분석 기획 시 적합	마스터 플랜으로 장기적인 접근하되, 이해관계자들의 동의를 위해 빠른 과제 해결 속도와 분석의 가치를 체험시킨다.

❷ 분석 마스터 플랜

① 분석 과제 전략을 고려한 우선 순위 평가 고려 요소
전략적 중요도, 비즈니스성과/ROI, 실행 용이성을 토대로 우선순위를 설정한다.

세부 고려사항
- 전략적 중요도 : 비즈니스 목표에 대한 전략적 필요성, 내부 사용자 요구사항 및 업무 능력 향상 관련 시급성
- 실행 용이성 : 과제 수행 시 필요한 비용에 대한 투자 용이성, 과제에 적용할 기술의 안정성과 유지보수에 관한 기술 용이성

② 분석 적용 범위/적용 방식 고려요소
업무 내재화 수준, 분석 데이터 적용 수준, 기술 적용 수준을 종합적으로 고려하여 적용 범위와 방식을 설정한다.

③ 포트폴리오 사분면 분석기법 활용한 과제 우선순위 설정
- 분석 과제를 난이도와 시급성에 따라 4가지 유형으로 구분하여 과제의 우선순위를 설정한다.

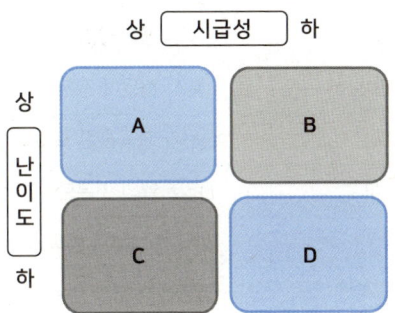

- 시급성이 우선인 경우 C - D - B - A 순으로 설정하며, 난이도가 우선인 경우 C - A - B - D 순으로 결정한다. 일반적으로 시급성이 높고 난이도가 낮은 것부터 시작한다.

> 마스터 플랜 수립 후 분석 계획을 위한 로드맵을 수립한다. 로드맵 수립 절차는 ① 데이터 분석 체계 도입, ② 데이터 분석 유효성 검증, ③ 데이터 분석 확산 및 고도화 순서로 이루어진다.

2 분석 거버넌스 체계

❶ 분석 Governance 개요

- 분석의 지속적인 개선, 확산 및 관리를 위해 거버넌스 체계 요구된다.

> **COA(Center Of Analysis)**
> 분석 조직, 분석 수준진단, 교육, 분석 개발 및 확산 프로세스, 분석 전문 인력 등을 일컫는 말

❷ 데이터 분석 수준 진단

- 현재 분석 수준을 이해하고 수준진단을 토대로 미래목표 수준 정의한다.

① 분석 준비도 : 데이터 분석 수준을 진단함으로써 분석 기반을 다지기 위해 어떤 요소가 필요한지 파악하기 위한 진단 방법

분석 업무 파악	인력 및 조직	분석기법
발생한 사실에 대한 분석	분석 전문가 직무 존재	업무별 적합한 분석기법
예측 분석	전문가 교육훈련 프로그램	분석 업무 도입 방법론
시뮬레이션 분석	관리자들의 기본분석능력	분석 기법 라이브러리
최적화 분석	전사 분석업무 총괄 조직	분석에 대한 효과성 평가
분석 업무 정기적 개선	경영진의 분석 업무 이해	분석 기법 정기적 개선
분석 데이터	**분석 문화**	**IT 인프라**
분석 업무를 위한 데이터	사실에 근거한 의사결정	운영시스템 데이터 통합
충분성 / 신뢰성 / 적시성	관리자의 데이터 중시 문화	EAI, ETL 등 데이터 유통체계
비구조적 데이터 관리	업무 시 데이터 활용	분석 전용 서버 및 스토리지
외부데이터 활용 체계	직관보다 데이터 활용	통계 분석 환경
기준데이터 관리(MDM)	데이터 공유 및 협업 문화	시각화 분석 환경

② 분석 성숙도 : CMMI 모델을 활용하여 분석 및 분석 결과에 대한 조직의 성숙도 수준을 평가하여 현재 상태를 점검하기 위한 진단 방법

> **CMMI(Capability Maturity Model Integration)**
> 정보 시스템 기업들의 업무 능력 및 조직 성숙도를 평가하기 위한 방법이다.

단계	도입	활용	확산	최적화
설명	분석을 시작하여 환경과 시스템을 구축	분석결과를 실제 업무에 적용	전사차원에서 분석을 관리하고 공유	분석을 진화시켜 혁신 및 성과 향상에 기여
비지니스 부문	실적 분석 및 통계	미래결과 예측	전사성과 실시간 분석	외부환경분석 활용
	정기보고 수행	시뮬레이션	프로세스 혁신 3.0	최적화 업무 적용
	운영 데이터 기반	운영 데이터 기반	분석규칙 관리	실시간 분석
			이벤트 관리	비지니스 모델 진화
조직·역량 부문	일부 부서에서 수행	전문담당부서 수행	전사 모든 부서 수행	데이터 사이언스 그룹
	담당자 역량 의존	분석기법 도입	분석 CEO 운영	경영진 분석 활용
		관리자가 분석 수행	데이터 사이언티스트	전략 연계
IT 부문	데이터 웨어하우스	실시간 대시보드	빅데이터 관리 환경	분석 협업환경
	데이터 마트	통계분석 환경	시뮬레이션 최적화	분석 SandBox
	ETL / EAI		비주얼 분석	프로세스 내재화
	OLAP		분석 전용 서버	빅데이터 분석

❸ 분석 수준 진단 결과

- 현재 분석 수준을 이해하여 분석 문화가 성숙한지, 분석을 위한 준비가 되었는지에 대한 수준진단을 토대로 미래목표 수준 정의한다.

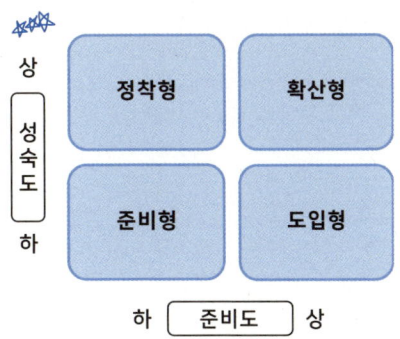

3 분석 문제 정의

- 분석 과제 도출에는 크게 상향식 방법(Bottom Up)과 하향식 방법(Top Down) 두 가지가 있다. 각 도출 방식의 접근 관점을 숙지하여야 한다.

❶ 하향식 접근 방식(Top Down Approach)

- 거시적인 관점에서 큰 문제를 정의하고 세부적인 단계를 수립하는 방식이다. 먼저 비즈니스 관점에서 발생한 문제를 정의하고, 이를 데이터 분석을 통해 해결하는 방식이다.
- 하향식 접근법의 문제 도출 과정

① **문제 탐색** : 분석 기술, 데이터 소유 여부 등 세부적인 도구나 요소보다, 비즈니스 문제를 해결하여 얻는 가치가 중요하다.
② **문제 정의** : 발굴한 비즈니스 문제를 데이터 분석 문제로 변환한다. 필요한 데이터와 기법을 선정하고, 최종 사용자 관점에서 문제를 정의한다.
③ **해결 방안** : 정의된 데이터 분석 문제를 해결하기 위한 방안을 수립한다. 적절한 분석 시스템, 분석 도구 등 활용 가능한 도구를 선정한다.
④ **타당성 검토** : 경제적 타당성, 기술적 타당성, 운영적 타당성 검토

❷ 상향식 접근 방식(Bottom Up Approach)

- 하향식 접근법의 한계를 극복하기 위한 방법론이다. 문제의 정의가 어려운 경우 데이터를 기반으로 문제를 재정의 하고, 왜 그러한 일이 발생했는지 역으로 추적하며 숨어있는 문제를 발굴한다.
- 상향식 접근 방식의 단계는 프로세스 분류 → 프로세스 흐름 분석 → 분석 요건 식별 → 분석 요건 정의 순으로 진행된다.

① **비지도 학습 방법** : 일반적으로 상향식 접근 방식은 문제를 데이터 기반으로 정의하기에 비지도 학습 방법으로 수행된다. 데이터 자체의 결합, 연관성 및 유사성을 토대로 문제를 발굴한다.
② **프로토타이핑 방법** : 시행착오를 통한 문제 해결 방식으로, 데이터 분석을 시도하고 결과를 확인하는 과정을 반복하면서 점진적으로 문제를 개선하는 방법이다.

4 데이터 분석 방안

❶ 분석 방법론의 계층 프로세스

- 빅데이터 분석 방법론은 3개의 계층으로 구성되어 있다. 각 단계의 역할을 숙지하여야 한다.
  ① 단계(Phase) [최상위 계층] : 방법론의 최상위 계층으로 프로세스 그룹을 통해 단계별 산출물이 생성된다.
  ② 태스크(Task) [중간 계층] : 각 태스크는 단계를 구성하는 단위 활동으로 논리적/물리적 품질 검토의 대상이다.
  ③ 스텝(Step) [최하위 계층] : WBS(Work Breakdown Structure) 작업단위로 입력자료, 처리 및 도구, 출력자료 등 세부적인 단위 프로세스이다.

❷ 데이터 분석 방법론

- 데이터 분석 방법론 5단계는 아래와 같이 ① 분석 기획, ② 데이터 준비, ③ 데이터 분석, ④ 시스템 구현, ⑤ 평가 및 전개 순서대로 구성되어 있다. 각 단계의 순서와 역할을 숙지하여야 한다.

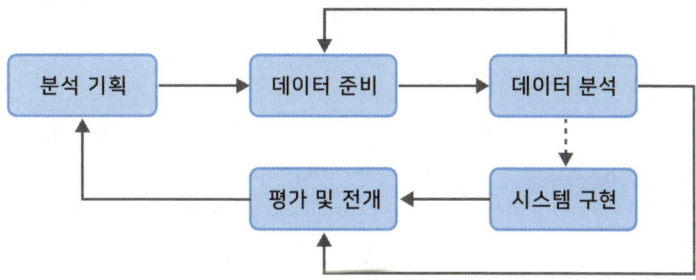

❸ 분석 방법론의 종류

① 소프트웨어 개발 방법론
  (가) 폭포수 모형 : 고전적인 방법론으로서 단계적, 순차적인 접근 방법이다. 기획·분석·설계·개발·검토 진행하는 하향식 접근 모형이며, 각 단계를 반복하거나 병행하지 않아 관리가 용이하며 문서화가 쉽다.

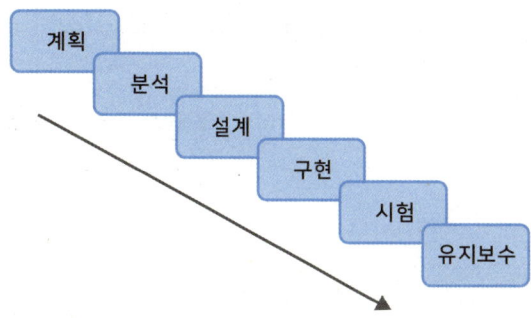

(나) **프로토타입 모형** : 시스템의 부분을 간략히 구현하고 즉시 F/B을 반영하며 반복하는 모형이다. 시행착오를 반복하여 점진적 개발이 가능하고, 사용자의 의견이 반영하며 보완해 가는 모델이다.

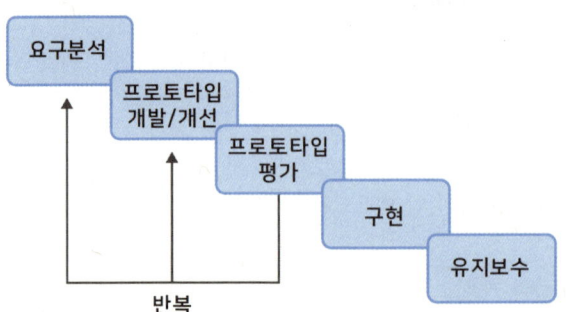

(다) **나선형 모형** : 프로토타입 모형의 진화된 형태로, 프로토타입과 결과물 산출, 위험 분석을 충분히 반복하여 진행한다. 대규모 시스템 및 위험 부담이 큰 작업에 적합하며, 점진적으로 완벽한 시스템을 개발하는 모형이다.

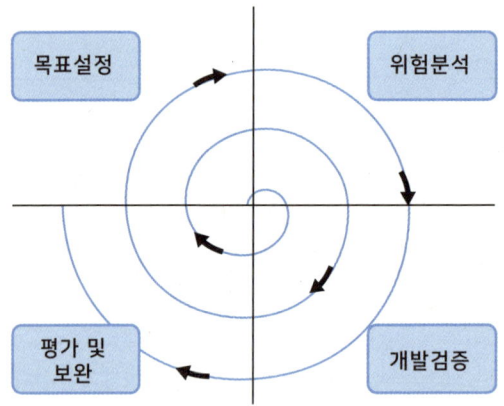

(라) **반복적 모형** : 시스템의 일부분을 추가 설계, 개발하여 최종 시스템으로 완성해가는 형태이다. 나선형 모형과 다르게 배포를 한 상태에서 기능을 추가하는 방식으로 진행된다.

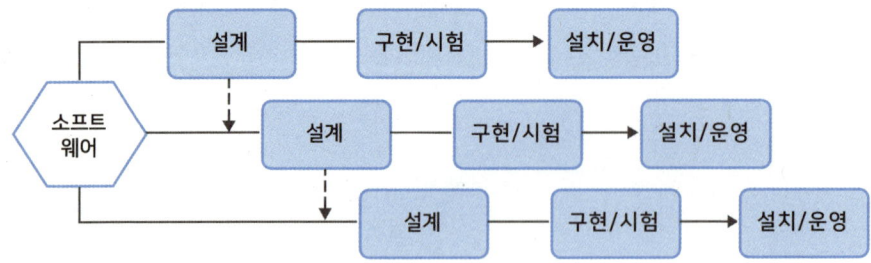

② KDD 분석 방법론(Knowledge Discovery in Database)과 절차
- 통계적인 패턴이나 지식을 탐색하기 위해 체계적으로 정리한 프로파일링 기술 기반의 데이터 마이닝 프로세스이다.

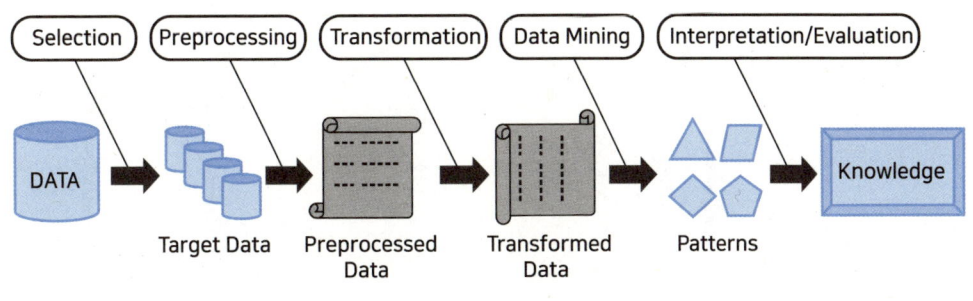

◉ KDD Process

(가) 데이터 선택 : 도메인에 대한 이해와 목표 설정
(나) 데이터 전처리 : Noise와 Outlier, 결측치 제거 및 대체
(다) 데이터 변환 : 변수 선택 및 차원 축소, 학습용 데이터 분리
(라) 데이터 마이닝 : 분석 기법 및 알고리즘을 사용하여 분석 수행
(마) 결과 평가 : 분석 결과와 목적 일치성 확인, 발굴한 인사이트를 도메인에 활용

③ CRISP-DM 분석 방법론(Cross Industry Standard Process for Data Mining)
- 계층적 프로세스 모델 4계층으로 구성된 데이터 마이닝 프로세스이다.

(가) 최상위 레벨 계층 : 여러 개의 Phase(단계)로 구성된다.
(나) 일반화 Task : 단일프로세스를 완전하게 수행하며, 각 Phase는 일반화 Task에 포함된다.
(다) 세분화 Task : 일반화 Task를 구체적으로 수행한다.
(라) 프로세스 실행 : 데이터 마이닝을 구체적으로 수행한다.

CRISP-DM 분석 방법론의 절차
(가) 업무 이해 : 비즈니스 관점에서 목적과 니즈를 파악한다.
(나) 데이터 이해 : 분석을 위한 데이터 수집 및 속성을 이해한다.
(다) 데이터 준비 : 수집된 데이터를 분석하게 맞게 변환한다.
(라) 모델링 : 다양한 모델링과 알고리즘으로 모형 파라미터를 최적화한다.
(마) 평가 : 분석 결과와 모델링 과정을 평가한다.
(바) 전개 : 완성된 모형을 업무에 적용하기 위한 계획을 수립한다.

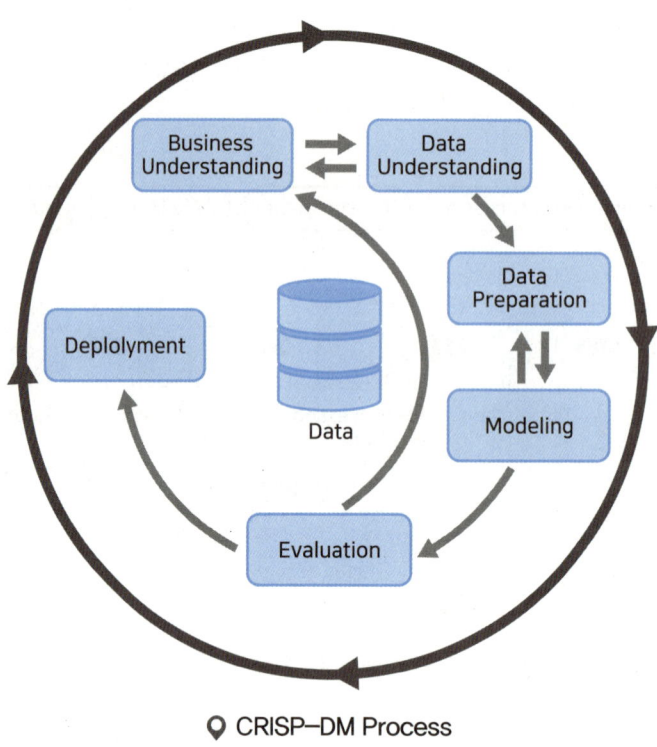

◉ CRISP-DM Process

CRISP-DM 분석방법론	KDD 분석방법론
업무 이해	
데이터 이해	데이터 셋 선택
	데이터 전처리
데이터 준비	데이터 변환
모델링	데이터 마이닝
평가	결과 평가
전개	

④ SEMMA 분석 방법론(Sample, Explore, Modify, Model and Assess)
- SAS의 주도로 만들어진 통계 중심의 데이터 마이닝 프로세스로 5단계로 나뉘어져 있다.

  (가) **추출** : 분석에 사용할 데이터를 추출한다.
  (나) **탐색** : 데이터를 탐색하고 데이터의 오류, 분포, 이상치를 확인한다.
  (다) **수정** : 데이터를 변환하고 파생변수를 생성한다.
  (라) **모델링** : 분석 모델을 구축하고 모델링과 알고리즘을 적용한다.
  (마) **평가** : 모델 평가 및 검증을 진행한다.

Sector 2 분석 작업 계획

1 데이터 확보 계획

❶ 데이터 확보 계획 수립 절차

① 목표 정의 : 구체적인 성과 목표를 정의하고, 목표 달성을 측정하기 위한 성과지표를 개발한다.
② 요구사항 도출 : 목표 달성을 위한 요구 사항을 반영하여 데이터 확보 계획을 설정한다. 기존 시스템 및 분석 도구 현황을 분석하여, 수집될 데이터의 전처리 수준, 저장 및 관리 방법을 정의하는 밑그림을 그린다.
③ 예산안 수립 : 데이터 확보에 필요한 비용과 하드웨어, 소프트웨어 운영, 인력 및 컨설팅 등 필요 예산안을 수립한다.
④ 계획 수립 : 인력 및 자원 활용에 대한 방안을 마련하고, 데이터 분석 작업 절차를 고려하여 추진 일정을 수립한다.

❷ 데이터 확보를 위한 사전 검토 요건

① 보유 데이터 현황 파악 : 조직이 보유한 데이터의 존재 여부와 데이터 품질을 검토하여 필요 데이터와 보유 데이터를 정의한다.
② 분석 데이터의 유형 : 수집 대상 데이터가 정형인지, 비정형인지, 세부적으로 어떤 형태의 데이터 유형인지 고려한다.
③ 편향되지 않고 충분한 양의 데이터 규모 : 신뢰할 만한 분석 모형 개발을 위해 Training 데이터 셋, Validation 데이터 셋, Test 데이터 셋으로 구분할 만큼 충분한 양의 데이터가 필요하다.
④ 내부 데이터 수집 : 보유 데이터를 조사하고, 부서간 정보 공유 가능성, 개인정보법률과 관련된 보안 요소 확인 및 비식별 조치를 수행한다. ERP, CRM, SCM 등 시스템으로부터 수집한다.
⑤ 외부 데이터 수집 : 공공 데이터 거래소, 데이터를 보유한 기업, Open API, 크롤링 등 다양한 데이터 제공 방법을 고려한다. 법률상의 제약 여부와 데이터 구매비용을 고려한다.

❸ 분석에 필요한 변수 정의

① 데이터 수집 기획
- 다양한 데이터 수집 기술을 활용하여 필요 데이터를 배치 자동화한다.
  ㈎ 데이터 수집 타겟 시스템과 사이트를 선정한다.
  ㈏ 수집 타겟 시스템과 사이트 선정, 인덱스 생성을 기획한다.
  ㈐ 대상 사이트를 위한 크롤러를 준비하고 저장소를 기획한다.
  ㈑ 크롤링 주기와 대상을 정하고 수집을 기획한다.

② 분석 변수 정의
- 데이터 간의 상관관계, 논리적 인과관계 분석을 위한 변수를 생성한다.
- 연관성 분석을 통해 통계적 연관성을 분석할 수 있는 변수를 생성한다.

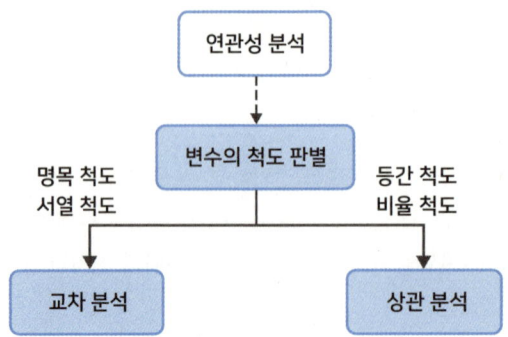

❹ **생성된 분석 변수의 전처리**

① 데이터 정제 : 결측값을 채우거나 이상치를 제거하는 것
② 데이터 통합 : 다수의 정제된 데이터를 통합, 결합하는 것
③ 데이터 축소 : 분석 효과는 지키면서 데이터 집합을 축소하는 것
④ 데이터 변환 : 분석에 용이하게 데이터 형태 및 구조를 변환하는 것

❺ **생성 변수의 품질 지표**

① 정확성 : 입력부터 오류 검증이 가능하여야 하고, 데이터가 규칙을 준수하는지 평가한다.
② 완전성 : 데이터가 자료의 정보를 온전히 담고 있는지, 필요한 정보에 대한 결측치가 없는지 평가한다.
③ 적시성 : 분석 시점에 데이터가 유효한 정보를 유지하는가에 대한 품질을 평가한다. (소멸성, 지속성 평가)
④ 일관성 : 일관된 형태와 포맷을 유지하고 무결성의 원칙을 만족하는지 평가한다.

2 분석 절차 및 작업 계획

❶ 빅데이터 분석 절차

- 빅데이터 분석 절차는 5단계로 이루어져 있다. 절차 순서와 단계별 주요 업무를 숙지하여야 한다.

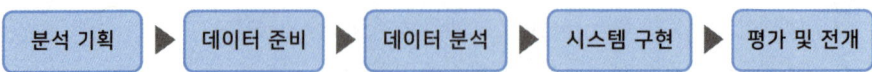

① 분석 기획 : 비즈니스 이해 및 범위 설정, 프로젝트 정의 및 계획 수립
② 데이터 준비 : 필요 데이터 정의, 데이터 수집 및 정합성 점검
③ 데이터 분석 : 탐색적 분석 및 모델링, 모델 평가 및 검증, 운영 방안 수립
④ 시스템 구현 : 설계 및 구현, 시스템 테스트 및 운영
⑤ 평가 및 전개 : 모델 발전 계획 및 모니터링, 프로젝트 평가 및 보고

❷ 분석 작업 계획

- 분석 작업 계획은 분석 절차에 따라 전반적인 작업 내용을 세부적으로 정의하는 과정이다. 단계별 작업 계획을 수립할 때는 작업 분할 구조도(WBS)를 활용한다.

① 프로젝트 비용 배분 : 시스템과 환경을 고려하여 반영될 수 있도록 한다.
② 프로젝트 작업 분할구조(WBS) 수립 : 분석 목표정의서와 비용 배분을 고려한다.
③ 프로젝트 업무 분장 계획 및 배분 : 단계별 인원 투입 계획을 수립한다.

❸ 작업 분할 구조(WBS : Work Breakdown Structure)

- WBS는 전체 업무를 큰 단위, 세부 단위로 분류하여 각 요소를 일정별로 계획하고 업무 담당자를 할당하는 역할을 한다. WBS는 4가지 단계로 진행한다.

① 데이터 분석 과제 정의 : 프로젝트 일정에 맞춰 일정, 시기 등을 정리한다.
② 데이터 준비 및 탐색 : 데이터 수집, 탐색 일정 수립 및 변수를 생성한다.
③ 데이터 분석 모델링 및 검증 : 검증 절차, 내용을 고려한다.
④ 산출물 정리 : 단계별 산출물을 정리하고, 분석 스크립트를 작성한다.

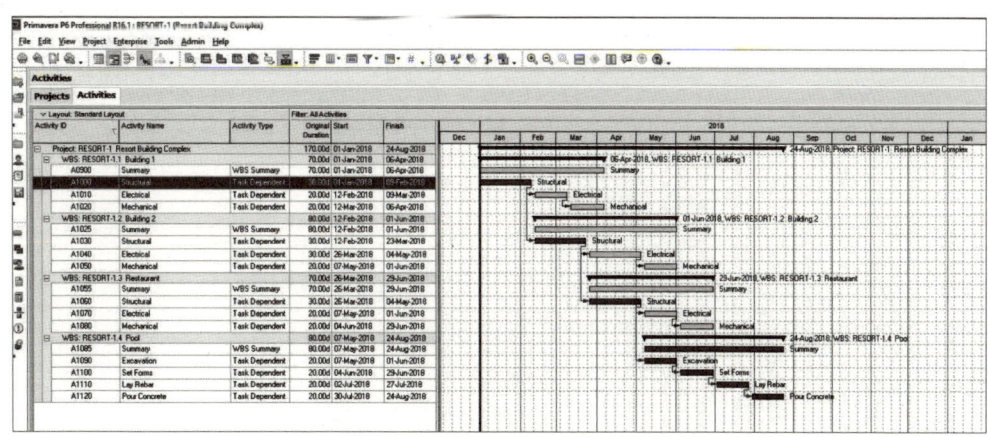

📍 WBS Sheet

> **WBS 주요 역할**
>
> 수행 업무 식별, 일정/원가 요구 파악, 일정 계획, 일정 진행 사항 파악, 정보 추적 통제, 팀/고객 간 의사소통

3 분석 프로젝트 관리

❶ 분석 프로젝트의 고려사항

① **데이터 크기** : 데이터가 지속적으로 생성되는 점을 고려한다.
② **데이터 복잡도** : 정형, 비정형 데이터 및 다양한 시스템에 산재된 데이터를 통합하는 것을 고려한다.
③ **속도** : 활용 시나리오, 분석 모형 성능과 속도까지 고려한다.
④ **분석 모형의 복잡도** : 정확도와 복잡도는 Trade Off 관계이다.
⑤ **정확도와 정밀도** : 분석 결과 활용은 정확도를 요구하며, 프로젝트 안정성이 우선인 경우 정밀도 요구를 한다.

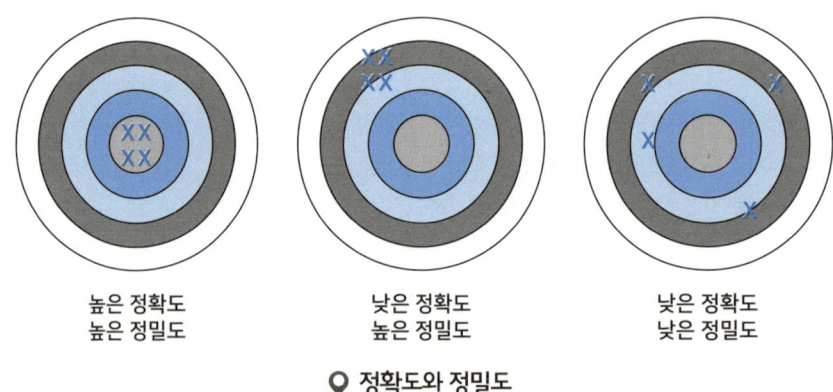

정확도와 정밀도

Chapter 3 데이터 수집 및 저장 계획

Sector 1 데이터 수집 및 전환

1 데이터 수집

❶ 데이터 수집 개요

- 데이터 처리 시스템에 들어갈 수집 데이터를 정의하고 여러 장소의 데이터를 한 곳으로 모으는 것이다.

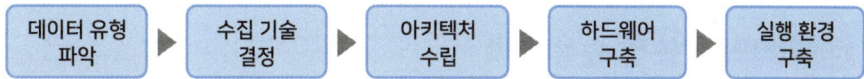

데이터 유형 파악 ▶ 수집 기술 결정 ▶ 아키텍처 수립 ▶ 하드웨어 구축 ▶ 실행 환경 구축

❷ 데이터 수집 기술

① 정형 데이터 수집 기술

종류	설명
ETL (Extract, Transform, Load)	데이터를 데이터 웨어하우스에 이동시키기 위해 데이터의 추출, 변환, 적재 프로세스를 원활히 하는 기술
FTP (File Transfer Protocol)	TCP/IP 프로토콜을 통해 서버와 클라이언트 간 파일 전송을 위한 프로토콜
API (Application Programming Interface)	운영 체제나 프로그램이 제공하는 기능을 응용 프로그램에서 사용할 수 있도록 만든 인터페이스. 실시간으로 데이터 응답 및 수신 가능
SQOOP (SQL To Hadoop)	구조화된 RDBMS와 하둡 간 대용량 데이터 전송을 병렬 처리로 수행하고 자동화하는 애플리케이션. 내부적으로 맵리듀스 변환, RDBMS 구조 변환 기능을 제공함

② 반정형 데이터 수집 기술

종류	설명
Scribe	페이스북에서 개발한 실시간 스트리밍 로그 수집 시스템. 분산 서버에서 발생한 데이터를 중앙 서버로 전송하는 방식으로 **확작성과 신뢰성을 목표로함**
Flume	여러 장비에서 발생한 대용량의 로그를 수집, 집계한 후 효율적으로 전송시키는 솔루션. **신뢰성, 확장성, 운영가능성, 가용성을 목표로 함**
Chukwa	분산된 노드의 로그를 수집하고 HDFS에 저장하고 분석하기 위한 시스템. 주요 수집 로그는 Monitoring/Hadoop/Application 로그이면 실시간 모니터링이 가능함

③ 비정형 데이터 수집 기술

종류	설명
Scrapy (스크래피)	웹하이트를 크롤링하고 구조화된 데이터를 수집하는 파이썬 기반 오픈소스 프레임워크. API를 사용하여 데이터 추출과 범용 웹 크롤러 사용이 가능함
Apache Kafka (카프카)	실시간 데이터 피드를 위해 높은 처리량과 낮은 지연율의 플랫폼 제공. 분산 트랜잭션 로그로 구성되며 Scale-Out의 수평 확장 가능

2 데이터의 유형 및 속성 파악

❶ 데이터 유형 분류

구조적 관점	시간적 관점	저장 형태의 관점
① 정형 데이터 ② 반정형 데이터 ③ 비정형 데이터	① 실시간 데이터 ② 비실시간 데이터	① 파일 데이터 ② 데이터베이스 데이터 ③ 콘텐츠 데이터 ④ 스트림 데이터

❷ 데이터 속성에 대한 측정 척도

● 데이터 속성은 크게 범주형과 수치형으로의 분류, 척도 기준으로써 질적척도와 양적 척도의 분류가 있다.

① 범주형/수치형 분류

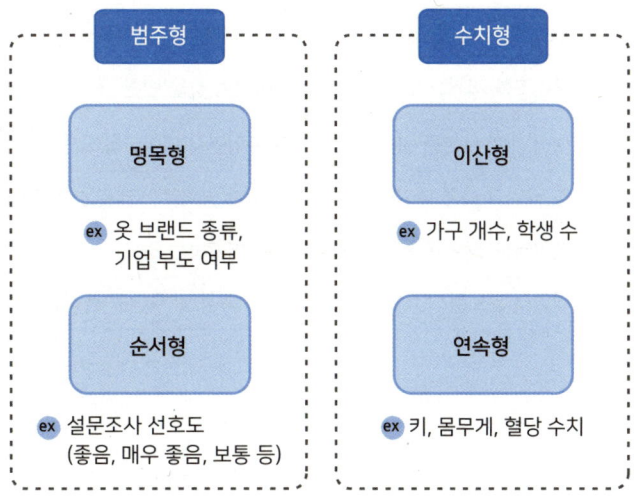

② 양적/질적 척도 분류

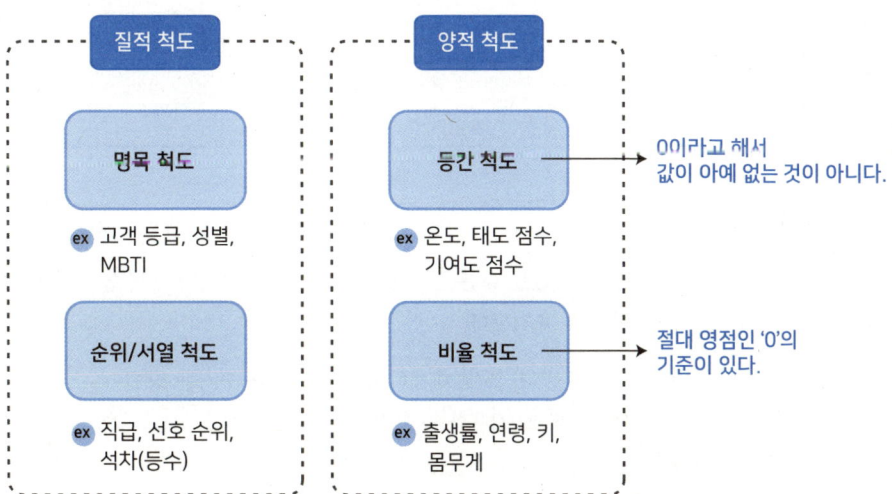

3 데이터 변환

❶ 데이터 변환 기술

- 데이터 변환이란 수집된 데이터를 분석에 용이하도록 정해진 규칙에 따라 일관적으로 변환하는 것

기술	내용
평활화(Smoothing)	노이즈를 제거하기 위해 추세에 벗어나는 값을 변환. 구간화/군집화를 이용함
집계	여러 개의 표본을 하나의 표본으로 줄이면서 데이터를 요약하는 방법
일반화	값 단위가 다른 데이터를 비교가 용이한 형태로 스케일을 변화시키는 것
정규화	데이터를 정해진 구간 내 포함되도록 변환하는 것
속성 생성	데이터 분포를 대표할 수 있는 새로운 속성 및 특징을 생성함

❷ ETL 프로세스

- ETL은 기존의 시스템 환경에서 데이터를 추출하여 비즈니스 데이터로 변환할 수 있도록 지원한다.

① ETL의 역할 : DW 기반 조직인 경우, 데이터 추출 후 ~ 데이터 적재 전 데이터 변환
② ETL 기능 : 도메인 검증, 데이터 요약, 키 시간 값 추가, 레코드 통합

4 데이터 비식별화

❶ 가명처리

- 식별 데이터를 식별할 수 없는 다른 값으로 대체하는 것. 데이터의 변질 수준이 적지만 처리를 하여도 식별 가능한 속성은 유지된다.

① 휴리스틱 가명화 : 식별자를 가공 및 대체하여 개인정보를 숨기는 방법
   ex 서울대학교 → 한국 대학교, 김용환 → 홍길동
② 암호화 : 정보 가공 시 규칙 알고리즘을 사용하여 암호화하는 방식
③ 교환 : 기존 데이터를 사전에 정해진 외부 변수 값과 연계하여 교환

❷ 총계처리

- 민감한 수치 정보에 대해 비식별 조치 가능하나, 정밀 분석이 어렵고 집계 수량이 적을 경우 식별 가능성이 있다.

① 부분 총계 : 일부 레코드를 총계 처리하고, 통계 값으로 변환한다.
② 라운딩(Rounding) : 처리된 값에 대해 반올림, 내림 등의 기준을 적용하여 처리한다.
③ 재배열 : 개인의 정보를 타인의 정보와 뒤섞어 처리한다.

❸ 데이터 삭제

- 개인 식별요소를 삭제 처리하여 비식별화에 강력하나, 분석 결과의 유효성, 신뢰성이 저하된다.

① **식별자 부분 삭제** : 원본 데이터 식별자를 전체 또는 일부 삭제 가능하다.
  - ex) 생년 월일 YY-MM-DD를 MM-DD로 변경
② **레코드(행) 삭제** : 다른 정보와 구별되는 레코드(행)를 전체 삭제하는 방법이다.
  - ex) 소득이 구분되는 고소득자의 레코드(행)를 삭제한다.

❹ 데이터 범주화

- 통계형 데이터 형식으로 가공 가능하지만, 정확한 분석 결과 도출이 어려우며 구간이 좁을 경우 식별 가능성이 있다.

① **감추기** : 명확한 값을 숨기기 위해 평균 또는 범주 데이터로 변환한다.
② **랜덤 라운딩** : 임의의 수 기준으로 올림 또는 내림하는 기법이다.
③ **제어 라운딩** : 랜덤 라운딩 시 데이터 손실을 제어하여 행과 열의 합을 일치시키는 기법이다.
④ **범위 설정** : 데이터를 Range 형태로 표현한다.
  - ex) 350만원을 300~400만원으로 대체

❺ 데이터 마스킹

- 개인 식별요소를 제거하는 것이 가능하며, 원 데이터 구조에 대한 변형이 적다. 하지만 마스킹을 과도하게 할 경우 신뢰도 저하가 발생할 수 있다.

① **랜덤 잡음 추가** : 개인 식별 가능한 정보에 잡음을 추가하는 방식이다.
② **공백과 대체** : 특정 항목을 '*', '-'와 같은 기호로 대체하는 방법이다.

◉ 프라이버시 모델 기반 추론 방지 기술

처리 기법	내용
K - 익명성	추론 가능 여부를 검토하여 일정 확률 이상이 비식별되도록 함
L - 다양성	민감한 정보는 다양성을 높여 추론 가능성을 낮춤
T - 근접성	민감한 정보 간의 분포를 가깝게 하여 추론 가능성을 낮춤

5 데이터 품질검증

❶ 정형 데이터의 품질 기준

품질 기준	내용
완전성	필수 항목 누락이 없음
유일성	데이터 항목은 유일하며 중복되어선 안 됨
유효성	정해진 데이터 유효범위를 충족해야 함
일관성	구조, 값, 표현이 일관되게 정의되어야 함
정확성	실제 객체 값이 정확히 반영되어야 함

❷ 비정형 데이터 품질 기준

품질 기준	내용
신뢰성	규정된 신뢰수준과 사용자의 오류를 방지함
기능성	명시된 요구를 만족시킬 수 있어야 함
효율성	자원의 양에 대비하여 적정한 성능을 제공해야 함
사용성	이용자에 의해 충분히 이해되고 선호되어야 함
이식성	다양한 환경과 상황에서 실행될 수 있어야 함

Sector 2 데이터 적재 및 저장

1 데이터 적재

❶ 데이터 적재

- 데이터 적재란 ETL(Extract, Transform, Load) 프로세스의 마지막 과정인 Load이며, 수집/변환된 최종 데이터를 타겟 시스템에 데이터를 싣는 것이다.

- 데이터 이동(Migration) ETL 설계 4단계
  ① 소스 시스템 분석 과정 : 소스 데이터 변경에 대한 타임스탬프 관리가 요구된다. 해당 Column 을 이용하여 변경데이터만을 적재한다.
  ② 데이터 변환 규칙 설정 과정 : 오류 및 Null 데이터 처리 규칙, 코드 통합 등 데이터 표준화를 목적으로 한다.
  ③ 타겟 시스템 적재 방안 : 변환 데이터 식별을 기준으로 Delete/Update/Insert 등 상황에 맞는 방법을 선택하게 한다.
  ④ 신뢰성 확보방안 : ETL 중 오류 발생, 참조 무결성 등 문제점을 파악한다.

2 데이터 저장

❶ 데이터 저장 기술 종류

- 대용량 데이터 저장 기술에는 분산 파일 시스템(DFS : Distributed File System), NoSQL, 병렬 DBMS, 클라우드 저장 시스템 등이 있다.

① 하둡(Hadoop) : 분산 컴퓨팅 환경을 지원하는 대표적인 도구로 자바(JAVA) 오픈소스 프레임워크이다.
  - 2005년 더그 커팅과 마이크 카파렐라가 공동으로 개발한 것으로, 구글의 GFS와 맵리듀스를 구현하였다.
  - 하둡은 신뢰할 수 있고(Reliable), 확장이 용이한(Scalable) 특징이 있다.

② HDFS(Hadoop Distributed File System) : 하둡의 분산파일 시스템으로 클라우드 컴퓨팅 환경을 구축하기 위한 대용량 데이터 분산 저장 기능을 제공한다.
  - 리눅스 서버에 설치되며, 리눅스 장비를 사용하여 비용이 저렴하다.
  - 파일 생성, 삭제, 수정은 가능하나 유저의 직접 접근은 지원하지 않는다.
  - RDBMS에 비해 시스템 구축비용이 저렴하고 확장성이 뛰어난 특징이 있다.

③ GFS(Google File System) : 구글이 자사 사용 목적으로 개발한 분산 파일 시스템이다.
  - 64MB로 고정된 크기의 청크(Chuck)로 파일을 나눈 후, 청크 서버들은 데이터를 자동으로 복사/저장한다. 청크 서버는 주기적으로 서버의 상태를 마스터에 전달한다.
  - 하드웨어 안정성이 높고 자료 유실을 고려한 시스템이 설계되었다.

④ Cassandra : 대용량 데이터 저장 및 처리가 가능한 NoSQL 공개 소프트웨어이다.
  - SQL을 사용하지 않는 고성능 데이터 처리 시스템으로, 분산 시스템 환경에서 노드를 추가하여 횡적인 용량 확장이 가능하다.

⑤ HBase : 자바 기반으로 개발된 비관계형 데이터베이스이다. 하둡의 분산파일 시스템인 HDFS에서 작동하며, 맵리듀스에 최적화되어 있다
  - 스키마 지정 및 변경 없이 데이터를 저장할 수 있고, 일관성과 안정성을 보장하는 특징이 있다.

⑥ NoSQL : Not-Only SQL이라는 뜻으로, SQL을 사용하지 않는 비관계형 DBMS 데이터 저장 기술이다. 대표적으로 HBase와 Cassandra가 있다.
- RDBMS에 비해 수평 확장성, 복제, 간편 API, 일관성 보장의 장점이 있다. SQL 언어가 아닌 키 값을 이용하여 데이터를 간단하게 저장한다.

◉ NoSQL DB 종류

구분	내용
Key-Value DB	키와 값의 쌍으로 저장하며 질의 응답 시간이 빠르다.
Column-Oriented DB	데이터를 칼럼 기반으로 저장 처리한다. 칼럼과 로우는 여러 개의 노드로 분할되어 관리된다.
Document DB	문서 형식의 정보를 저장, 검색, 관리하기 위한 DB이다. 문서 내부 구조 기반의 복잡한 형태에 최적화가 가능하다.

MEMO

PART 2

빅데이터 탐색

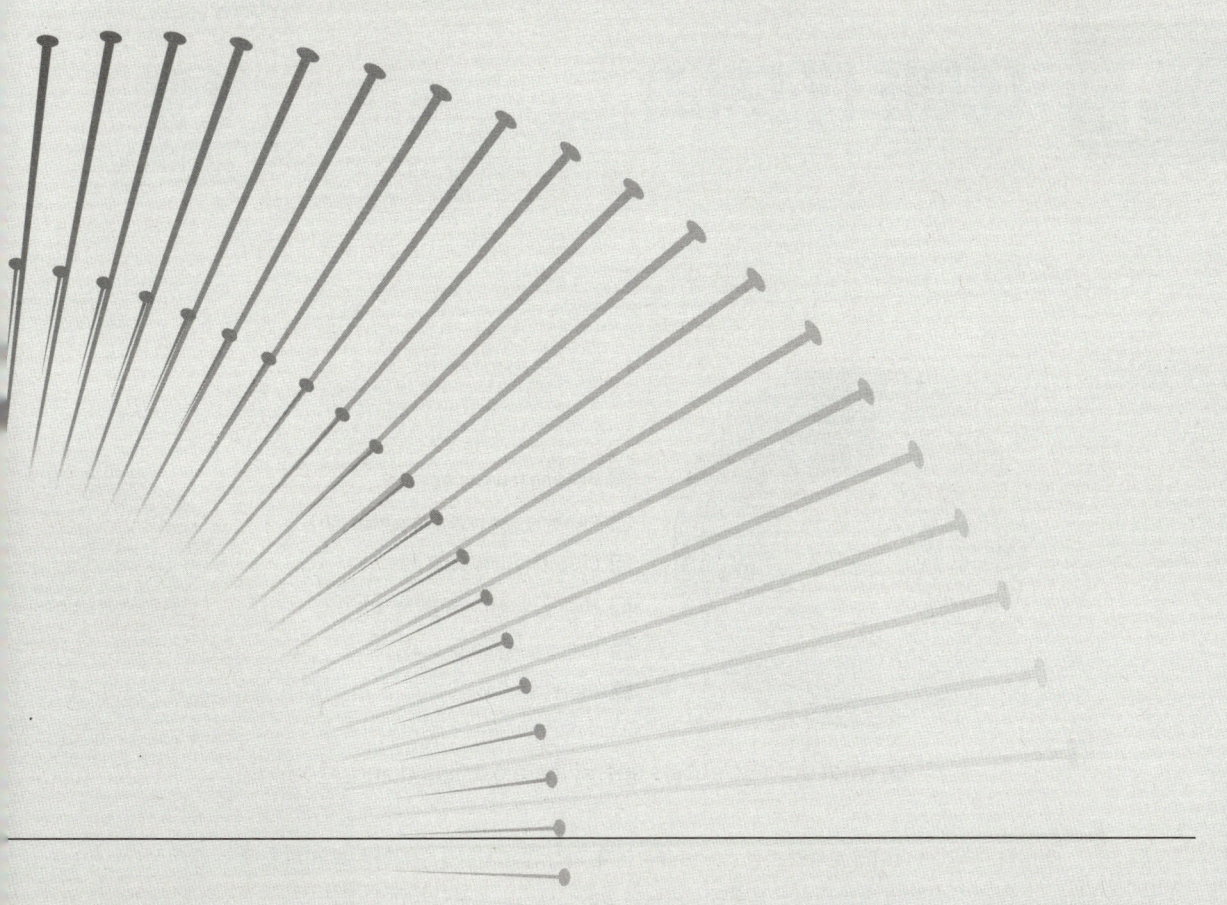

CHAPTER 1 데이터 전처리
CHAPTER 2 데이터 탐색
CHAPTER 3 통계 기법의 이해

Chapter 1 데이터 전처리

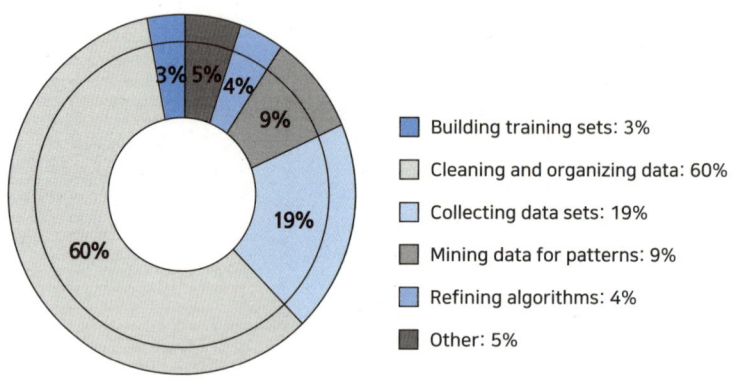

What data Scientists spend the most time doing

데이터 전처리는 데이터 분석의 가장 중요한 부분이자, 가장 많은 시간을 차지하는 부분이다.
훌륭한 데이터분석은 화려한 모델링이 아니라 꼼꼼한 데이터 전처리로부터 나온다.

Sector 1 데이터 정제

1 데이터 전처리 유형 4가지

① 데이터 정제 : 데이터의 결측치와 이상치를 탐색하고, 이를 다른 값으로 대체하거나 제거하여 데이터를 정제하는 작업
② 데이터 통합 : 여러 테이블로 흩어진 데이터를 병합하여 효율적인 데이터 셋을 제작하는 작업
③ 데이터 축소 : 불필요한 변수를 삭제하고, 파생변수를 만들어 두 개 이상의 변수를 요약하는 등 데이터의 차원을 축소하는 작업
④ 데이터 변환 : 데이터에 대한 정규화, 표준화 작업을 진행하거나 데이터의 형태를 변환하여 데이터 분석에 용이한 형태로 데이터를 바꾸는 작업

2 데이터의 내재 변수 이해

❶ 데이터의 종류

① **단변량 자료** : 자료의 특성을 대표하는 특성 변수가 하나인 자료
② **다변량 자료** : 자료의 특성을 대표하는 특성 변수가 두 개 이상인 자료
③ **질적 자료** : 정성적 자료라고 하며, 자료를 범주의 형태로 분류
   ➡ 명목자료, 서열자료
④ **수치 자료** : 수치의 크기에 의미를 부여할 수 있는 자료
   ➡ 구간 자료, 비율자료
⑤ **시계열 자료** : 일정 시간 간격 동안 수집된 자료
⑥ **횡적 자료** : 횡단면 자료라고 하며, 단일 시점에 여러 대상으로부터 수집한 자료
⑦ **종적 자료** : 시계열 자료 + 횡적 자료의 결합으로, 여러 개체를 여러 시점에서 수집한 자료

3 데이터 결측값 처리

❶ 결측 데이터의 종류

① **완전 무작위 결측(MCAR : Missing Completely at Random)** : 결측 데이터가 다른 변수와 아무 연관이 없이 완전히 랜덤하게 발생한 경우를 말한다.

② **무작위 결측(MAR : Missing at Random)** : 결측 데이터가 다른 변수와 일부 연관되어 있는 경우이다. 실제 데이터에서 가장 빈번하게 발생한다.
   ex 낮은 소득 집단에 비해 설문사의 소득 수준이 높을수록 개인정보에 관한 결측치가 많다.

③ **비무작위 결측(NMAR : Not Missing at Random)** : 결측 데이터가 해당 변수의 특성과 관련된 경우이다. 결측 자체에 의미가 있는 것으로, 발생 원인을 분석할 필요가 있다.
   ex 직장명, 취미 등 민감한 정보를 의도적으로 기재하지 않는 경향이 있다.

❷ 결측 유형 분석과 대치

- 결측치가 존재하는 데이터는 비효율성, 자료처리 복잡성, 편향 문제가 있다.
- 결측치를 임의 제거하는 경우 데이터의 직접 손실이 발생하며, 결측치를 임의 대체하는 경우 데이터의 편향이 발생한다.

① 단순 대치법

대치방법	설명	비고
Complete Analysis	불완전 자료는 완전히 무시하고 분석하는 방법	
평균 대치법	데이터의 평균으로 결측치를 대치. 효율성 측면의 장점이 있으나, 표준오차가 과소 추정되는 단점이 있음	비조건부 평균 대치법
회귀 대치법	회귀분석을 활용하여 결측치를 대치	조건부 평균 대치법
단순 확률 대치법	확률 추출로 데이터 중 무작위로 대치하는 방법. 표준오차의 과소 추정을 보완하는 장점이 있음	Hot-deck 방법
최근방 대치법	표본을 몇 개의 대체군으로 분류하고 결측값 바로 이전의 값을 결측치로 대치. 데이터 반복의 단점이 있음	

② 다중 대치법
- 단순 대치법을 복수로 시행하여 효율성 및 일치성 문제를 보완하는 방법

  ① 1단계 – 대치 단계 : 복수의 대치를 수행하여 대치 데이터를 생성한다.
  ② 2단계 – 분석 단계 : 복수 개의 데이터셋에 대한 분석을 수행한다.
  ③ 3단계 – 결합 단계 : 복수의 결과에 대해 통계적 결합을 수행한다.

4 데이터 이상값 처리

❶ 이상치의 종류 및 발생 원인

① 단변수 이상치 : 하나의 데이터 분포에서 발생하는 Outlier
② 다변수 이상치 : 복수의 연결된 데이터 분포 공간에서 발생하는 Outlier

❷ 이상치의 발생 원인

① 입력 실수 : 데이터 수집 과정에서 발생한 입력 에러이다.
② 측정 오류 : 데이터의 측정 과정에서 측정기로부터 발생한 에러이다.
③ 실험 오류 : 실험과정 중 발생한 에러로 실험 환경으로부터 야기된다.
④ 의도적 이상치 : 의도적으로 값을 다르게 기재하는 경우를 말한다.
   ex) 의도적으로 소득을 높여서 적는 행위
⑤ 자료처리 오류 : 데이터 전처리에서 발생하는 에러를 의미한다.
⑥ 표본 오류 : 표본을 추출하는 과정에서 편향에 의해 이상치가 추출되는 경우를 말한다.

③ 이상치의 문제점

① 이상치는 데이터 분포에 영향을 미쳐 분석 결과가 치우치거나 왜곡될 수 있다.
② 치우친 데이터로 인해 기초 통계에 기반한 고급 통계분석의 신뢰가 저하된다.
③ 비무작위성 이상치는 데이터의 정상성(Normality) 감소를 초래한다.

④ 이상치의 탐지

① 사분위수(Quantiles)를 통한 방법
- 사분위수란 데이터를 4등분하여 각 등위에 해당하는 값을 말한다.

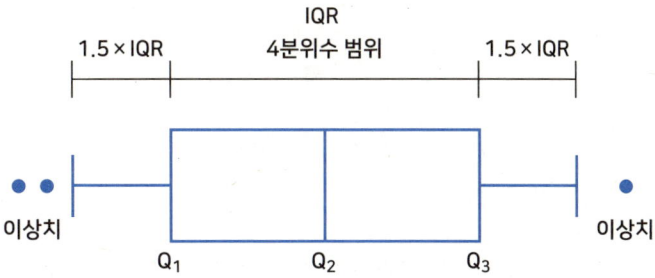

- 일반적으로 수염의 시작선(Q1−1.5IQR)보다 작거나, 수염의 끝선(Q3+1.5IQR)보다 큰 값을 이상치로 정의한다.

> Q1 : 25% 분위수, Q3 : 75% 분위수, IQR : 4분위수 범위

② Z-Score를 통한 방법
데이터를 정규화 하여 모집단 분포의 평균과 편차로 데이터를 나타낼 수 있다. Z값이 ±3을 초과하는 경우, 즉 ±3σ 이상 떨어진 값을 이상치로 정의한다.

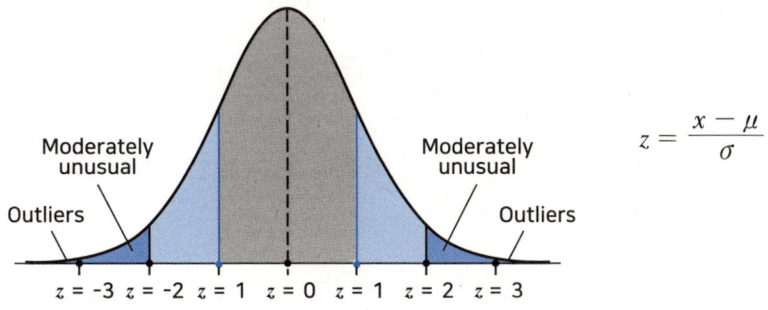

$$z = \frac{x - \mu}{\sigma}$$

σ : 모집단에서의 표준편차, μ : 모집단에서의 평균
1σ : 데이터 전체의 68.27%, 2σ : 데이터 전체의 95.45%, 3σ : 데이터 전체의 99.73%

③ 밀도기반 클러스터링 방법(DBSCAN)
  ● 특정 거리 내 데이터 수가 일정 개수 이상이면 군집으로 정의하는 방법으로, 군집에서 먼 거리의 데이터를 이상치로 판별한다.

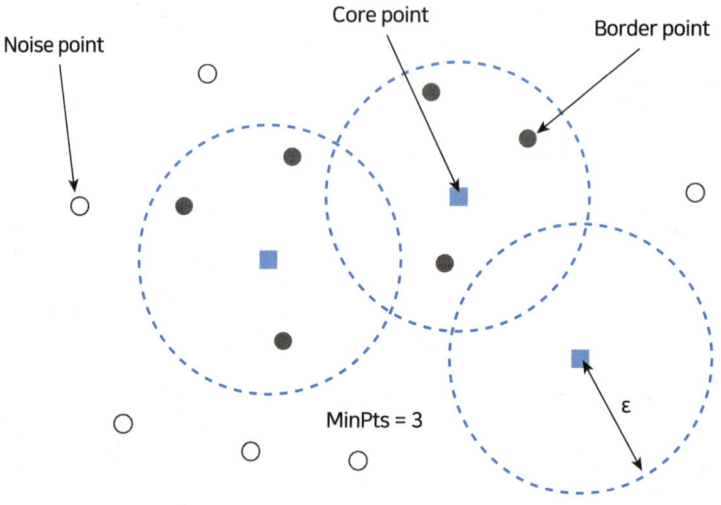

거리에 따라 Noise로 판정되는 데이터 개체

④ 고립 의사결정 나무
  ● Decision Tree 기법을 사용하여, 이상치의 Node가 정상 노드에 비해 더 짧은 성질을 이용한다. 노드가 짧다는 것은 다른 데이터에 비해 분할되지 않는 특이한 성질을 갖는 것을 의미한다.

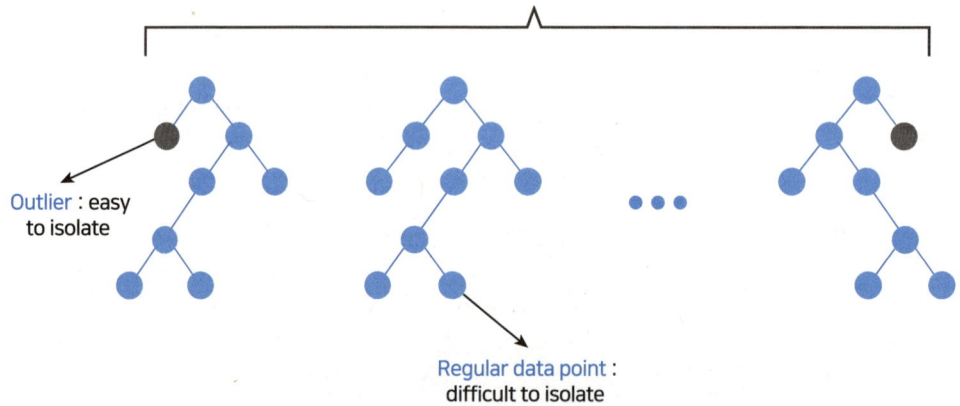

Sector 2 분석 변수 처리

1 변수 선택

- 분석의 신뢰성과 효율성을 위해 분석 결과에 비교적 불필요한 변수를 삭제하는 과정이다.

❶ 변수 선택의 방법

변수 선택 방법	설명
필터 방법(Filter)	통계적 특징을 이용하여 변수 선택 방법
래퍼 방법(Wrapper)	변수의 일부를 사용하여 가장 좋은 성능의 변수 집합을 찾는 방법
임베디드 방법(Embedded)	모델링 기법 자체에 변수 선택이 포함된 방법

❷ 필터 방법

① 상관계수
- 변수 간의 통계적 관계를 파악하는 방법, 상관 계수가 크다는 것은 두 변수의 상관성이 강하므로, 분석 결과에 주는 영향이 중복되는 변수로 판단할 수 있다.

② 분산
- 0에 가까운 분산을 갖는 변수는 큰 의미가 없으므로 유용하지 않다. 즉, 모든 개체의 a변수 값이 모두 1이라면 모두 같은 값을 가지므로 의미가 없다.

❸ 래퍼 방법

📍 변수별 모형의 종류

모형	설명
전체 모형(FM : Full Model)	모든 독립변수를 포함한 완전한 모형
축소 모형(RM : Reduced Model)	전체 모형에서 일부 변수의 삭제하여 축소한 모형
영 모형(NM : Null Model)	독립변수가 하나도 없는 모형

① 전진 선택법
- 영 모형에서 시작하여 F test를 통해 유의성 검정을 시행한다. 가장 큰 F 통계량을 갖는 모형을 선택하여, 변수를 점진적으로 추가하는 방법이다. 추가된 변수는 제거하지 않는다.

② 후진 선택법
- 전체 모형에서 시작하여 F test를 통해 유의하지 않는 변수를 제거해 나가며 모형을 축소시키는 방식이다. 한번 제거된 변수는 다시 추가하지 않는다.

③ 단계적 선택법
- 전진 선택과 후진 선택을 혼합한 방법으로, 전진 선택을 통해 유의한 변수를 포함한 후 다시 후진 선택을 적용하여 비교적 유의하지 않은 변수를 제거한다.

④ 임베디드 방법(※ PART 3에서 더 자세히 다룰 예정입니다.)

① 라쏘 회귀(Lasso Regression)
- **가중치 절대값의 합을 최소화**하는 제약조건을 추가하는 기법이다.
- L1 규제라고 하며, 변수 간 상관관계가 높을 경우 성능이 떨어진다.

② 릿지 회귀(Ridge Regression)
- **가중치 제곱합을 최소화**하는 제약조건을 추가하는 기법이다.
- L2 규제라고 하며, 가중치의 모든 원소가 0에 근사함을 지향한다.

③ 엘라스틱 넷(Elastic Net)
- **Lasso와 Ridge 두 가지 규제를 혼합한 방식이다.**
- 상관관계가 큰 변수를 동시에 선택하거나, 배제하는 특징이 있다.

2 차원 축소

> 차원이란 분석에 사용되는 변수의 개수, 분석하는 데이터 종류의 수를 기하학적으로 표현한 공간의 크기를 말한다.

❶ 차원 축소의 필요성

① 복잡도의 축소
- **분석 시간의 증가(시간 복잡도), 변수의 증가(공간 복잡도)**를 고려하여, 동일한 품질의 분석이 가능하다면 데이터의 차원을 축소해야 한다.

② 과적합 방지
- 차원의 증가는 학습 데이터의 과적합을 유발할 수 있기 때문에, 적은 차원으로 최대의 분석 효과를 내는 것이 효율적이다.

❷ 차원 축소의 방법

① 요인 분석
- 다수의 변수들 간 관계를 분석하여 소수의 변수로 축약하는 것이다.

② 주성분 분석(PCA: Principal Component Analysis) (※ PART 3에서 더 자세히 다룰 예정입니다.)
- 고차원 데이터들의 특징을 설명할 수 있는 '주성분(Principal Component)'을 발굴하여, 데이터를 직교 벡터에 정사영 시켜 변환하는 기법이다. 기존 변수들의 선결합으로 이루어진 '주성분'이라는 새로운 변수로 기존 데이터를 대체 및 축소하는 과정이다.

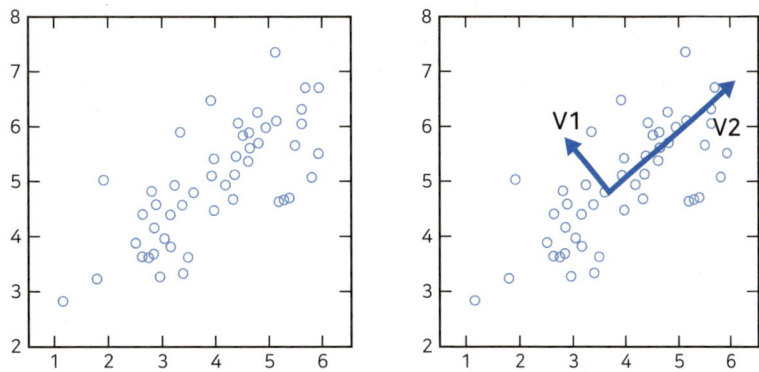

➡ PCA는 각 관측치의 주성분이 아니라 데이터 집단 분포의 주성분을 분석하는 방법이다.

PCA의 특징
- (가) 차원 축소의 대표적인 기법이다. 사전 분포의 가정이 없어 데이터가 부족하거나 비대칭 분포를 띄어도 사용 가능하다.
- (나) 변수들 간의 스케일 차이가 영향을 미치므로, 변수의 스케일링을 사전 수행한다.
- (다) 분석을 진행한 후 각 요인들의 효과 해석이 어렵다.
- (라) 변수 사이에 강력한 선형관계가 존재하는 경우 특히 유용하다.

③ 특이값 분해(SVD : Singular Value Decomposition)
- 선형대수학 분야로 데이터 행렬을 여러 개의 행렬로 분해하여 기존 행렬과 유사한 정보력을 갖는 차원으로 축소하는 방법이다.

$$M = U\Sigma V^T$$

M : 기존 행렬, $U : m \times m$ 직교 행렬, $\Sigma : m \times n$ 대각행렬, $V^T : n \times n$ 직교행렬

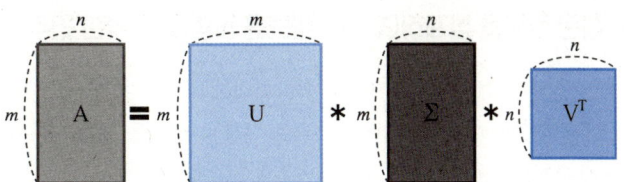

- SVD 활용

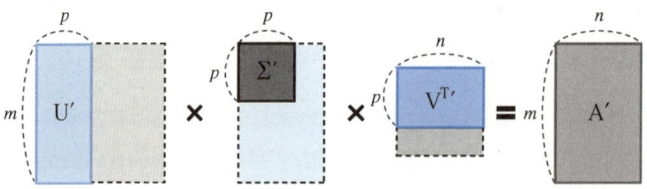

- SVD 특징
  - ㈎ SVD는 실수 또는 복합행렬의 인수분해이다.
  - ㈏ 실수 공간에 정의된 m × n 차원의 행렬으로부터 특이값을 추출하여 더 작은 차원의 특이값으로 데이터 공간을 표현하는 것이다.

3 파생변수 생성

> 파생 변수는 핵심 문제를 잘 해석할 수 있는 새로운 변수를 찾는 데 의의가 있다.

❶ **파생변수 : 특정 조건이나 특정 함수로 값을 만들어 의미를 부여하는 변수**

- 특정 데이터나 상황이 아닌 전 데이터 구간에 대표성을 지녀야 한다.
- 파생 변수 생성 과정은 주관적 개입이 발생할 수 있어 논리적 타당성을 지녀야 한다.
  - ex 상품 선호도 점수, 고객 유형 구분, 행사 민감 변수, 휴면기여 점수

 파생변수 생성 방법

방법	설명
단위 변환	주어진 변수의 단위나 척도를 변환함
표현 형식 변환	단순한 표현으로 변수 변환
요약 통계량 변환	요약 통계량 생성
변수 결합	함수 및 수학적 결합을 통해 변수 생성

❷ **요약변수 : 수집된 정보를 집계하여 기존 정보를 종합 및 요약한 변수**

- 가장 기본적인 분석 변수로 결측치 및 이상치 처리에 주의해야 한다.
- 대표적으로 엑셀의 Pivot 함수가 있으며, 주로 그룹핑 방식을 통해 사용한다.
  - ex 기간별 구매 추이, 특정 단어 빈도 분석, 연속형 변수의 구간화

4 변수 변환

① **범주형 변환** : 범주형 변수에 대하여, 회귀 분석 등 연속형 변수가 필요한 모형에 맞게 데이터 구조를 바꿔주는 방법이다. Dummy 변수 생성이라고도 한다.

좌석등급	1등석	2등석	3등석
1등급	1	0	0
2등급	0	1	0
3등급	0	0	1

② **정규화** : 변수 간의 스케일 차이가 크게 나는 경우, 특정 변수의 효과가 과대평가될 수 있다. 변수의 단위를 맞추어 분석하는 것을 정규화라고 한다.
- ex 데이터를 0과 1사이로 변환하는 Min-Max Scaling(최소 - 최대 정규화)
- ex 0의 평균과 1의 표준편차를 가진 정규분포를 따르게 하는 Z-Scoring 정규화

③ **로그 변환** : 데이터가 좌측으로(우측 긴 꼬리) 치우친 경우 데이터를 정규화 하고자 할 때 각 자료에 Log 함수를 취하는 것이다.
- ex 1, 100, 1000, 10000 인 자료에 자연로그를 씌워 0, 2, 3, 4로 변환한다.

④ **역수 변환** : 데이터가 좌측으로(우측 긴 꼬리) 치우친 경우 역수를 취하여 선형적인 특성을 가진 자료로 변환한다.

⑤ **지수 변환** : 데이터가 우측으로(좌측 긴 꼬리) 치우친 경우 데이터의 분포를 정규분포화 할 수 있다. 자료가 선형적인 특성을 갖게 되어 해석이 쉽다.
- ex 1, 1.1, 2, 3, 4 인 자료에 제곱을 하여 1, 1.21, 4, 9, 16으로 변환한다.

⑥ **제곱근 변환** : 좌측으로 치우쳐진 분포(우쪽 긴꼬리 분포)를 갖는 데이터를 정규화 할 수 있다. 데이터에 제곱근을 적용하여 정규화 한다.
- ex 4, 9, 81, 121, 144 인 자료에 제곱근을 씌워 2, 3, 9, 11, 12 로 변환한다.

⑦ **비닝(Binning)** : 이산형 변수를 범주형 변수로 변환하는 것으로 '변수 구간화'라고 한다.
- ex 나이 변수를 10대, 20대로 묶거나, 청소년/청년/중년 등으로 구간화 하는 방법

⑧ **박스-콕스(BOX-COX) 변환** : 자료의 구조를 정규화하는 기법으로, 비대칭의 분포를 대칭에 가깝게 만들어 분산을 안정시킨다.

5 불균형 데이터 처리

> 데이터 각 클래스 간 양의 차이가 큰 경우 클래스 불균형이라 일컫는다.

❶ 불균형 데이터 처리 방법

① 언더 샘플링
- 소수 클래스는 최대한 활용하고 다수 클래스 중 일부만 활용하는 방식
- 데이터가 매우 클 때 효과적이며 데이터 손실의 단점이 있음

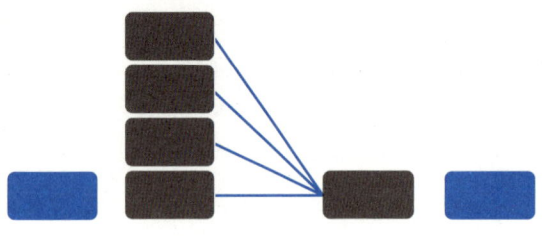

② 오버 샘플링
- 소수 클래스의 데이터를 반복적으로 추출하여 활용하는 방식
- 데이터 중복의 단점이 있으며 계산시간이 증폭되는 문제가 있다.

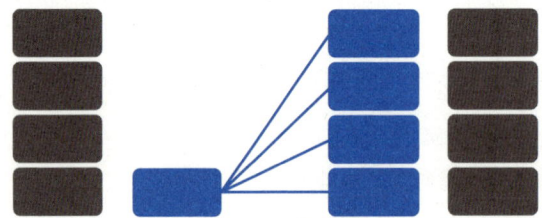

③ SMOTE(Synthetic Minority Oversampling Technique)
- 기존과 유사한 데이터를 새로 생성하여 오버 샘플링을 수행하는 기법
- 근접한 데이터들 사이에 일정한 규칙으로 데이터를 만들어 추출함

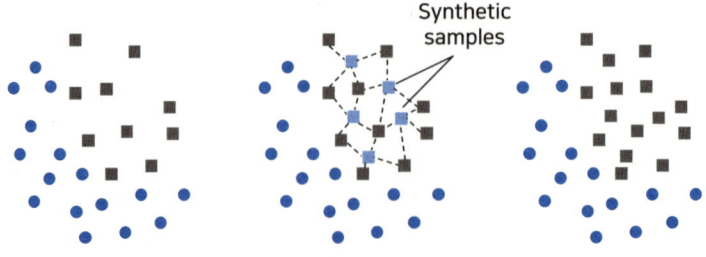

Chapter 2 데이터 탐색

Sector 1 데이터 탐색 기초

1 데이터 탐색 개요

① 탐색적 데이터 분석(EDA: Exploratory Data Analysis)
- 데이터로부터 특이점 및 의미 있는 사실을 도출하고, 구조적 관계를 알아내기 위한 기법의 통칭이다.

② EDA의 4가지 주제
① 저항성의 강조 : 데이터 일부가 파손되었을 때 영향을 적게 받는 성질
② 잔차의 해석 : 주요 경향에 벗어난 이상 데이터가 있는지 탐색하는 것
③ 데이터의 재표현 : 원자료의 척도를 적당히 변환하고 구조를 파악하는 것
④ 데이터의 현시성 : 정보를 효율적으로 보이기 위해 시각화 하는 것

2 상관 관계 분석

① 변수 간의 상관성 분석
- 두 변수 간의 관계는 독립적 혹은 상관된 관계일 수 있으며, 관계의 강도를 상관관계라고 한다.

② 상관분석의 기본 가정
① 선형성
② 등분산성
③ 정규분포성
④ 무선독립표본

상관분석 방법

① 공분산(Covariance)
- 두 변수 사이의 연관성을 분석하여 공통된 분포를 나타내는 분산을 공분산이라고 한다. 두 변수 사이의 선형관계를 측정하는 대표적 모수이다.
- 두 확률 변수가 서로 독립이면 두 변수의 공분산은 0이 되며, 단위에 따른 값 차이가 심하여 표준화된 피어슨 상관계수를 활용한다.

$$공분산 = (X \times Y의\ 평균) - (X의\ 평균 \times Y의\ 평균)$$

$$Cov(X, Y) = E[(X - \mu_X)(Y - \mu_Y)]$$
$$Cov(X, Y) = E[\{X - E(X)\}\{Y - E(Y)\}]$$
$$= E[X \cdot \{Y - E(Y)\} - E(X) \cdot \{Y - E(Y)\}]$$
$$= E[X \cdot Y - X \cdot E(Y)] = E(X \cdot Y) - E(X) \cdot E(Y)$$

② 피어슨 상관계수 : 두 변수 간의 선형 상관관계를 나타낸 수치이며 +1, -1 사이의 값을 가진다.
- 상관계수가 0인 경우 자료 간의 선형적인 상관 관계가 없다는 것을 의미한다.
- 상관계수가 +1인 경우 강한 양의 상관관계, -1인 경우 강한 음의 상관관계를 의미한다.

$$피어슨\ 상관계수 = \frac{공분산}{표준편차 \times 표준편차}$$

$$\rho_{X,Y} = \frac{cov(X, Y)}{\sigma_X \sigma_Y}$$
$$= \frac{E[(X - \mu_X)(Y - \mu_Y)]}{\sigma_X \sigma_Y}$$
$$= \frac{E(XY) - E(X)E(Y)}{\sigma_X \sigma_Y}$$

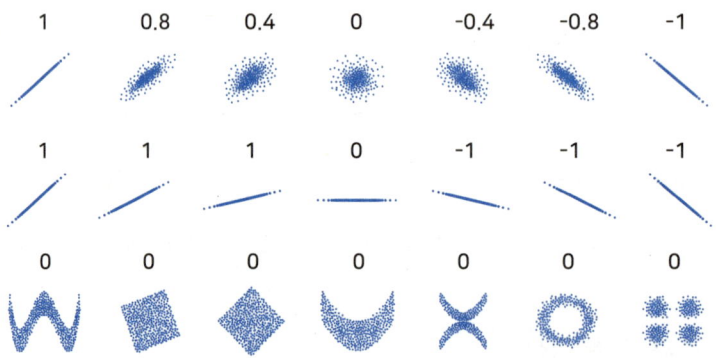

③ 스피어만 상관계수 : 서열자료의 데이터에서 자료 간의 순위를 이용하여 산출한 상관계수이다. 이상치나 표본 크기가 작을 때 유용하다.
- 피어슨 상관계수가 두 변수 간의 선형 상관관계를 표현한 것이라면, 스피어만 상관계수는 두 변수 자료 간의 순위를 기반으로 증감 상관 관계를 표현한다. (두 변수의 관계가 꼭 선형적인

관계일 필요가 없다.)

$$r = 1 - \frac{6\sum d^2}{n^3 - n}$$

d^2 : 비교하고자 하는 두 변수 간의 순위 차이, n : 표본의 개수

- 1과 -1 사이로 정의되며 두 집단간의 순위차이가 클 경우 0에 가까운 값을 가진다. 순위 비교에는 '켄달의 타우' 상관계수도 있으나, 비교적 계산이 쉬운 스피어만 상관계수가 주로 사용된다.

④ 상관계수의 유의성 검정

- 상관 분석을 통해 얻은 상관계수를 통계적으로 유의한지 검정할 수 있다. 계산된 상관 계수를 기반으로 유의한 상관관계가 존재하는 지 확인한다.

① 가설설정
- 모상관계수 ρ에 대한 귀무가설과 대립가설을 설정한다.
  $H_0 : \rho = 0$, 두 변수 간에 상관관계가 존재하지 않는다.
  $H_1 : \rho \neq 0$, 두 변수 간에는 선형관계가 존재한다.

② 검정통계량
- 가설 검정에 t 통계량 값을 사용하며, 여기서 분포는 자유도 $n-2$인 t 분포를 따른다.

$$t = (r)\sqrt{\frac{N-2}{1-r^2}}$$

③ 유의성 검정
- t-test로 상관계수의 통계적 유의성을 검정한다. 자유도 $n-2$인 t 분포 상 유의수준 0.05로 하는 양측검정을 수행한다. H_1이 채택되면 상관관계가 통계적으로 유의하다고 판단한다.

3 기초통계량 추출 및 이해

① 중심화 경향 기초통계량(Central Tendency)

① 평균
- 산술 평균 : 자료의 기댓값이라고 하며, 모든 자료 값의 합을 개수로 나눈 값이다.

$$\overline{X} = \frac{X_1 + X_2 + \cdots + X_n}{n} = \frac{1}{n}\sum_{i=1}^{n} X_i$$

(표본 평균 공식)

- 모평균 : 실제 모집단의 평균은 전수 조사를 하지 않는 한 알 수 없지만, 표본 평균의 추정량으로 모평균을 추정할 수 있다.

$$E(\overline{\chi}) \equiv \mu$$

- 기하평균 : 기하평균은 곱의 평균으로, 데이터를 모두 곱한 후 개수 N의 제곱근으로 나눈 값이다. 증가율, 상승율 등 변화율 데이터를 기반으로 특정 구간의 평균 변화율을 구할 때 사용한다.

$$G = \sqrt[n]{\prod_{i=1}^{n} x_i}$$
$$= (x_1 \times \cdots \times x_n)^{1/n}$$

- 조화평균 : '자료의 역수에 대한 평균'의 역수를 의미하는 값이다. 구간별 평균 속력을 구할 때 사용한다.

$$H = \frac{1}{\frac{1}{n}\sum \frac{1}{x_i}}$$
$$= \frac{1}{\frac{1}{n}\left(\frac{1}{x_1} + \cdots + \frac{1}{x_n}\right)}$$

- 각 평균은 '산술평균 ≥ 기하평균 ≥ 조화평균'의 관계를 가진다.

$$\frac{a+b}{2} \geq \sqrt{ab} \geq \frac{2ab}{a+b}$$

(단, 등호는 $a = b$일 때 성립)

② 중앙값
- 관측값을 순서대로 나열하였을 때 중심에 오는 값으로, 소수의 극단치에 영향을 받지 않는다.

③ 최빈값
- 자료에서 관측빈도의 수가 가장 많은 값이며, 소수의 극단치에 영향을 받지 않는다.

④ 평균, 중앙값, 최빈값의 관계
- 세 통계량의 위치를 통해 분포를 알 수 있고, 분포의 모양을 통해 세 통계량의 위치를 알 수 있다.

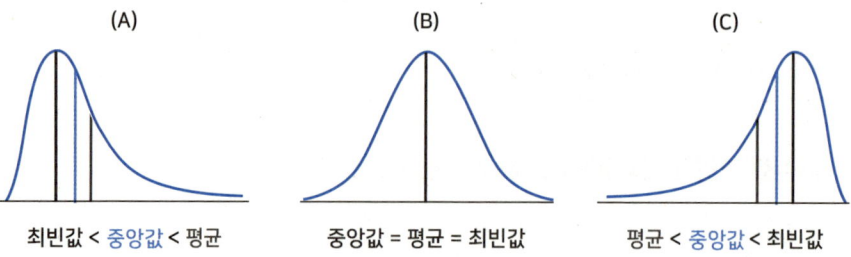

(A) 최빈값 < 중앙값 < 평균
(B) 중앙값 = 평균 = 최빈값
(C) 평균 < 중앙값 < 최빈값

❷ **산포도(분산도)**

> 자료의 퍼짐 정도를 나타내는 기초 통계량

① 분산(Variance)
- 분포의 기댓값으로부터 확률변수가 얼마나 떨어져 있는지, 그 정도를 '제곱한 것의 기댓값'과 같다.

$$Var(X) = E[(X-\mu)^2]$$
$$\sigma^2 = \frac{1}{N}\sum_{i=1}^{N}(X_i-\mu)^2$$
$$s^2 = \frac{1}{n-1}\sum_{i=1}^{n}(x_i-\overline{x})^2$$

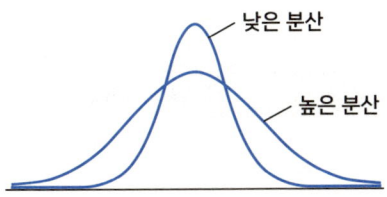

② 표준편차(Standard Deviation)
- 자료의 산포도를 나타내는 수치로, 분산의 제곱근으로 정의된다.

$$\sigma = \sqrt{\frac{1}{N}\sum_{i=1}^{N}(X_i-\mu)^2}$$
$$s = \sqrt{\frac{1}{n-1}\sum_{i=1}^{n}(x_i-\overline{x})^2}$$

③ 범위(Range)
- 관측된 자료 중 가장 큰 값과 가장 작은 값의 차이이다.

$$R = MAX - MIN$$

④ 사분위수 범위(IQR)
- 자료의 산포를 측정하는 통계량으로 3분위수와 1분위수 값의 차이이다. 극단값에 영향을 덜 받는다.

$$IQR = Q_3 - Q_1$$

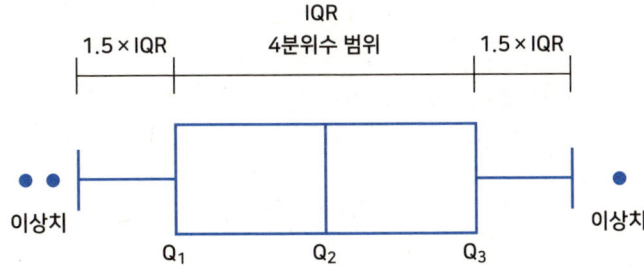

⑤ 평균의 표준오차(Standard Error of the mean, SEM)
- 모집단으로부터 표본을 추출하여 계산한 표본 평균들의 표준 편차로 정의한다.

$$SE_{\bar{x}} = \frac{s}{\sqrt{n}}$$

⑥ 변동계수(Coefficient of variation, CV)
- 측정 단위가 서로 다른 자료를 비교하고자 할 때 쓰이며, 상대적인 산포도를 측정할 수 있다. 변동계수가 클수록 자료 간의 차이가 크다.

$$CV = \frac{s}{\bar{x}} \times 100$$

		A	B	C
데이터	Day 1	0.18	349.2	177
	Day 2	0.16	344.8	174.9
	Day 3	0.16	342.2	170.8
	Day 4	0.17	337.8	165.2
	Day 5	0.17	342.6	166.7
통계량	Average	0.168	343.32	170.92
	Range	0.02	11.4	11.8
	Variance	0.000070	17.252000	25.837000
	SD	0.00837	4.153552696	5.083010919
	CV	4.98%	1.21%	2.97%

❸ 자료 분포의 비대칭도

> 비대칭도란 자료의 분포가 어느 한 쪽으로 치우쳐 있는지, 중심에 얼마나 집중되어 있는지 정보를 보여주는 통계량이다.

① 왜도
- 분포의 비대칭 정도와 방향을 나타내는 통계량이다. 정보가 오른쪽에 치우친 경우 음수를, 왼쪽에 치우친 경우 양수를 나타낸다.

$$\gamma_1 = E\left[\left(\frac{X-\mu}{\sigma}\right)^3\right] = \frac{\mu_3}{\sigma^3} = \frac{\mu_3}{\mu_2^{3/2}}$$

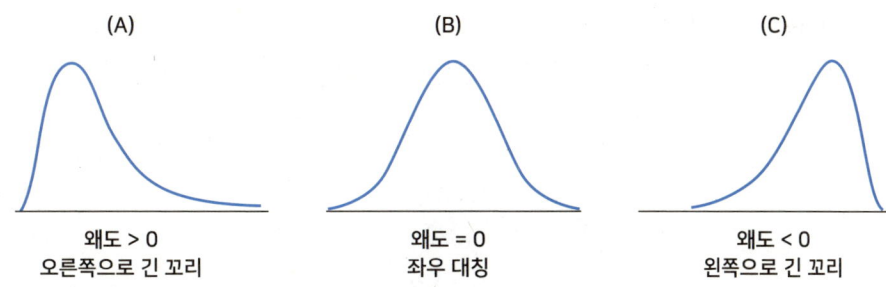

② 첨도
- 분포 중심이 얼마나 뾰족한 지와 꼬리의 길이에 대한 정보를 나타낸다.
- 첨도가 0보다 작으면 완만한 분포, 0보다 크면 뾰족한 분포이다.

$$K = \sum_{i=1}^{n} \frac{[(X_i - \overline{X})s]^4}{n-1} - 3$$

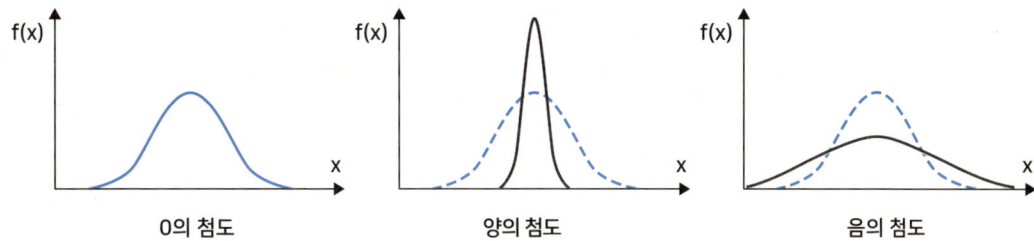

4 시각적 데이터 탐색

❶ 시각화 종류

① 막대그래프
- 범주형 변수의 값에 대한 관측 도수 또는 상대 도수를 나타낸 그래프다.

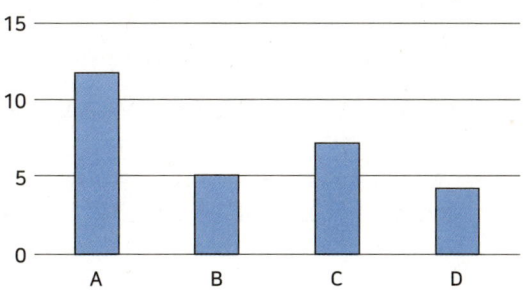

② 원그래프
- 범주형 변수의 각 계급의 관측치에 대한 값 또는 백분율을 원의 면적에 따라 표기한 형태의 그래프이다.

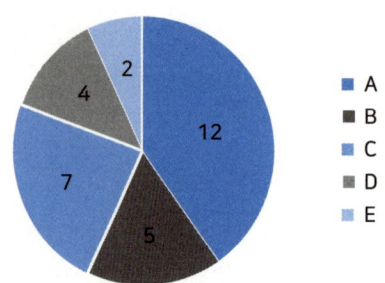

③ 산점도(Scatter Plot)
- 2차원 좌표 위에 변수 사이의 관계를 나타내고 자료의 분포를 확인하는데 유용하다.

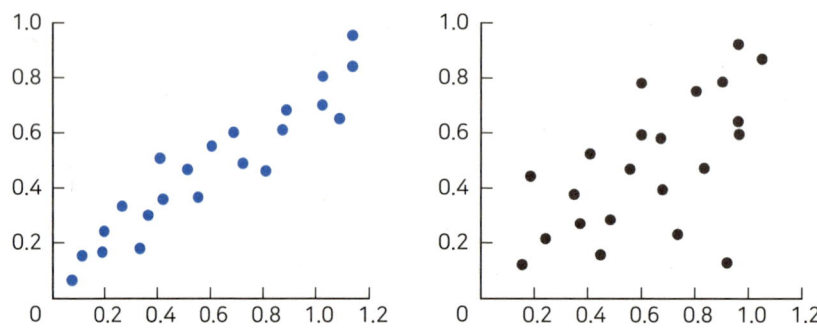

④ 선 그래프(Line Chart)
- 연속형 변수에 해당하는 X축의 변화에 따른 Y축의 변화를 선으로 나타낸 그래프이다.

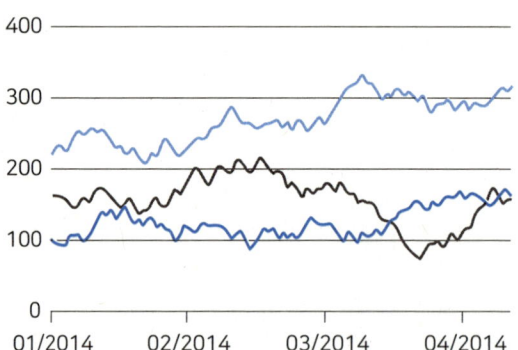

⑤ 도수분포표 & 히스토그램
- 숫자로 관측된 연속형 자료를 일정한 구간으로 나누어 각 구간에 속한 개수를 도수로 나타낸 표이다.

	A	B	C	D	E
1	CARAT	COLOR	CLARITY	CERT	PRICE
2	0.3	D	VS2	GIA	1302
3	0.3	E	VS1	GIA	1510
4	0.3	G	VVS1	GIA	1510
5	0.3	G	VS1	GIA	1260
6	0.31	D	VS1	GIA	1641
7	0.31	E	VS1	GIA	1555
8	0.31	F	VS1	GIA	1427
9	0.31	G	VVS2	GIA	1427
10	0.31	H	VS2	GIA	1126
11	0.31	I	VS1	GIA	1126
12	0.32	F	VS1	GIA	1468
13	0.32	G	VS2	GIA	1202

CARAT	도수	상대 도수
0.18 – 0.33	14	0.09
0.33 – 0.49	21	0.14
0.49 – 0.64	36	0.24
0.64 – 0.79	34	0.23
0.79 – 0.95	10	0.07
0.95 – 1.1	36	0.24
TOTAL	151	1

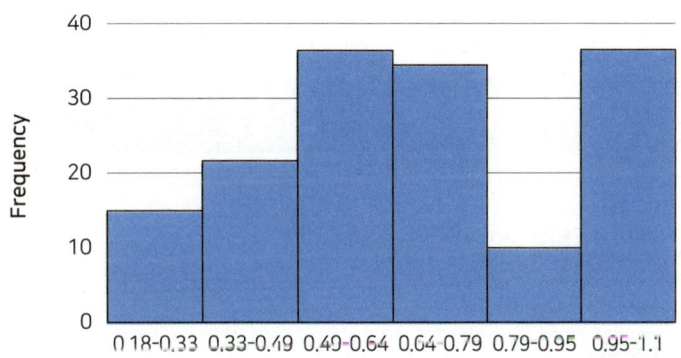

histogram for GIA diamonds

⑥ 줄기와 잎 그림
- 수치형 데이터를 줄기와 잎 모양으로 그린 그림이다. 구간의 분포와 관측값을 쉽게 파악할 수 있다.

📍 시험 성적 줄기와 잎

줄기	잎
7	0, 2, 2, 5, 9
8	1, 5, 7, 7, 7, 8
9	3, 5, 8, 9
10	0, 0

⑦ 상자 수염 그림
- 수치적 자료를 요약하여 최솟값, 최댓값, 사분위 수, 이상치, 중위수 다섯가지 통계량을 보여주는 그래프이다.

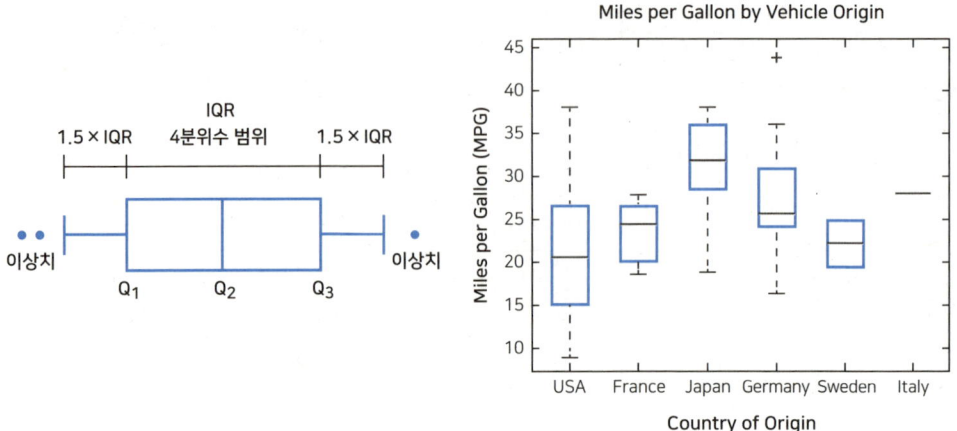

Sector 2 고급 데이터 탐색

1 시공간 데이터 탐색

❶ 시간 데이터 탐색
- 시간 데이터는 시간 단위에 따라 패턴의 변화를 살펴보는 것을 말한다. 시계열분석처럼 요인을 분리하는 방법과 시각화로 데이터의 패턴을 알 수 있다.

❷ 공간 데이터 탐색
- 지구 표면에 위치하는 객체, 사건, 현상을 기록한 데이터이다. 좌표값, 주소, 행정구역 등을 위치 정보로 나타낸다.
- Arc GIS : 유료화된 전문 지리정보 분석 도구
- X-Ray Map : 무료 도구로 실제 지역의 데이터 관계를 살펴볼 수 있음
- 파워 맵 : EXCEL에서 무료로 사용 가능하며, 시간의 흐름에 따른 데이터 변화를 시각화 하는 모션 차트 제공
- Geo Chart : 주소의 지명으로 시각화 작업이 가능한 도구

❸ 시공간 데이터 탐색 방법

① 주소 → 행정구역 변환 : 엑셀 또는 R 함수, 문자열 처리를 통해 쉽게 변환
② 주소 → 좌표계 변환 : 주소를 위도 경도로, Geo Coding 서비스를 이용
③ 행정구역/좌표계 지도에 표시 : 코로플레스 지도, 카토그램, 버블 플롯맵 등을 이용

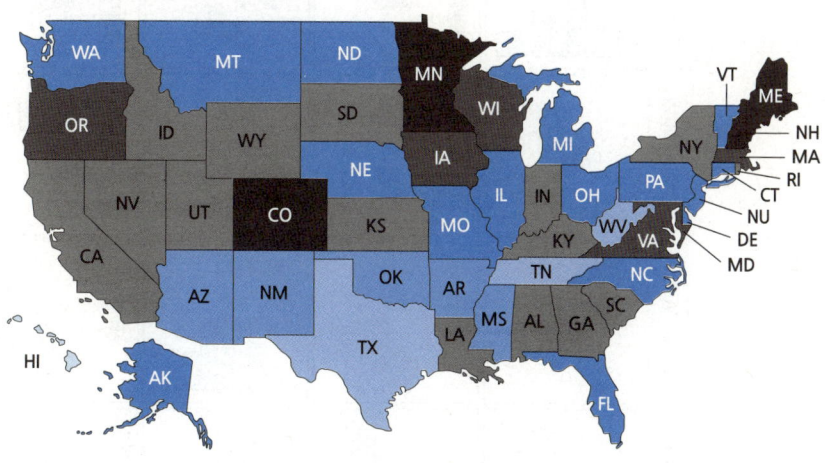

코로플레스 맵

2 다변량 데이터 탐색

❶ 피벗 테이블

- 엑셀에서 가장 많이 사용되는 표로, 많은 양의 변수를 계층적으로 요약할 수 있다. 교차표, 다차원 표라고도 한다.

❷ 산점도 행렬

- 두 변수간 산점도를 행렬을 형태로 표현하여 연관성을 파악할 수 있다. 변수가 여러 개인 경우, 관계를 한 눈에 파악할 수 있고 분포 확인이 쉽다.

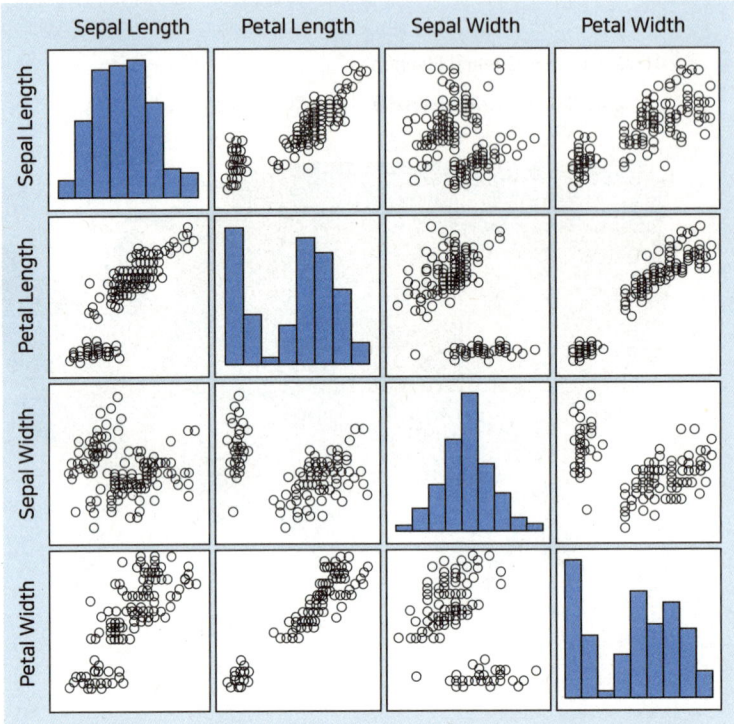

❸ 별 차트(Star Chart)

- 각 꼭짓점이 변수에 비례하여 표현한 차트로, 각 점은 변수 값을 의미한다.

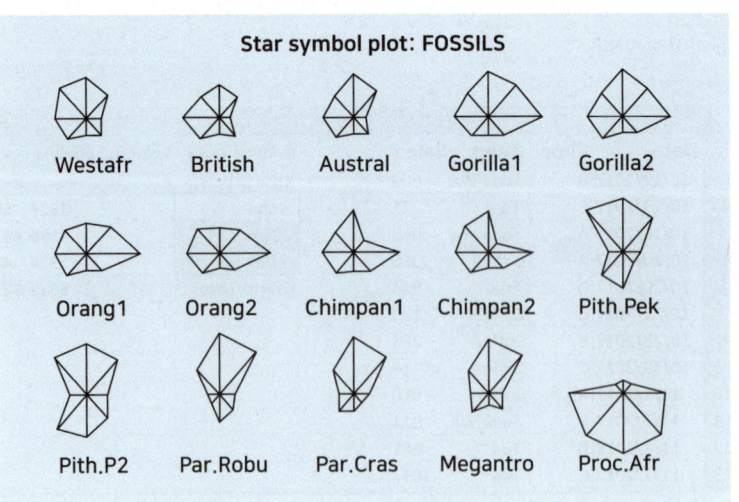

❹ 레이더 차트(Rader Chart/Spider Chart)

- 평가 항목이 여러 개인 경우, 각 변수에 따른 값의 분포를 균형적으로 시각화 할 수 있는 도구이다. 항목간 비율과 경향을 직관적으로 확인할 수 있다.

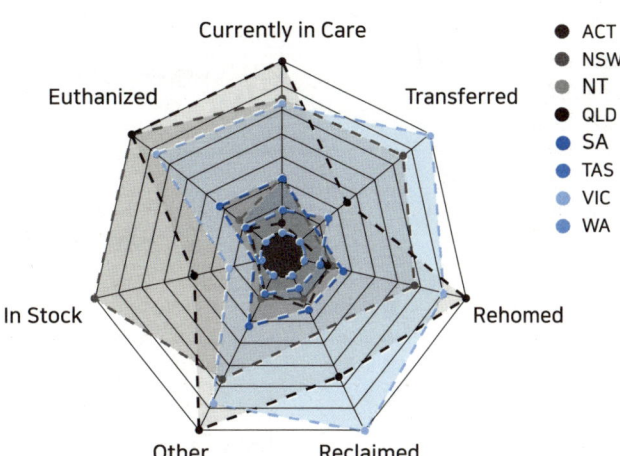

❺ 평행좌표 그래프(Parallel Coordinate)

- 각 변수들의 값을 선으로 연결하여 집단적 경향성을 파악하기 쉽게 표현한 그래프이다.

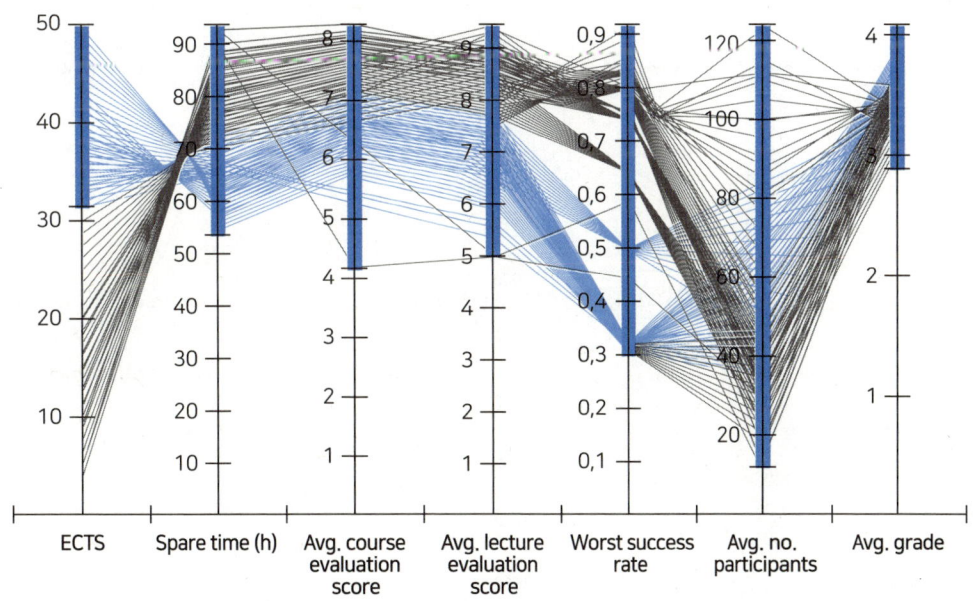

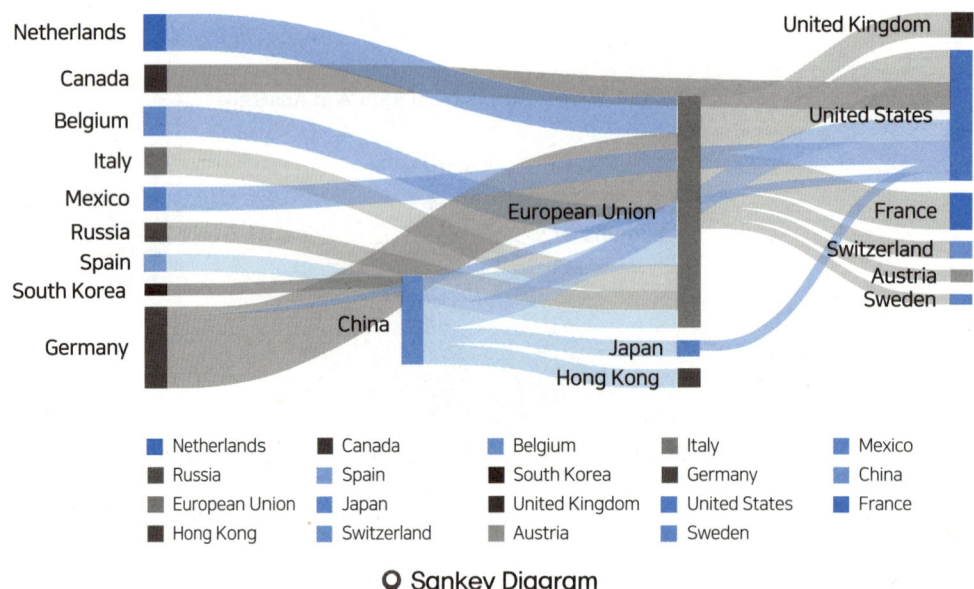

Sankey Diagram

❻ 스몰 멀티플즈(Small Multiples)

● 데이터를 하나의 차트로 시각화 하는 경우, 단위나 값의 차이로 인해 효과적인 분석이 어렵다. 다수의 변수를 영역 별로 구분하여 표현하는 방식이다.

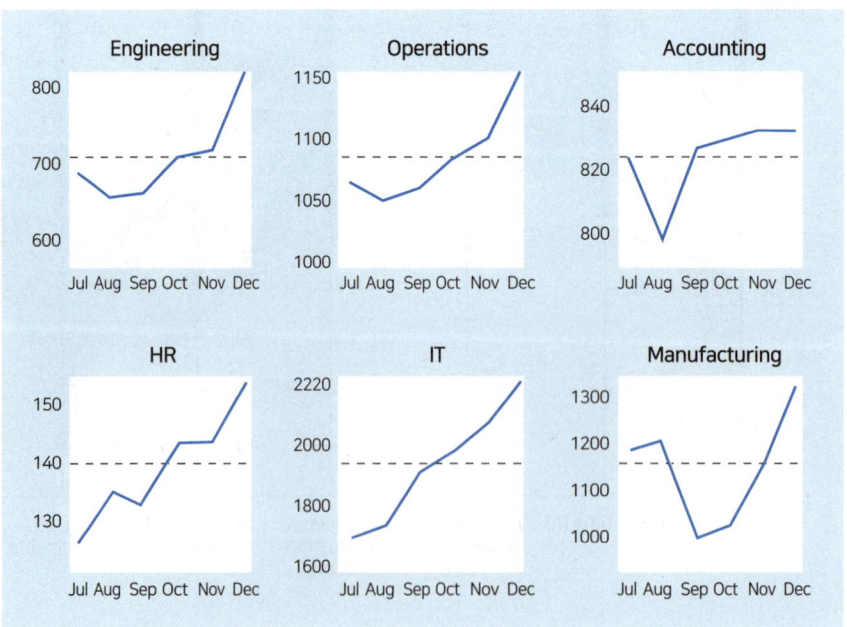

❼ 선버스트 차트(Sun Bust Chart)

- 계층 구조의 다변량 데이터를 트리맵의 특징을 사용하여 파이 차트 형태로 표현한 그래프이다. 안쪽의 원이 가장 높은 계층이며, 데이터의 관계와 계층을 한 눈에 파악할 수 있다.

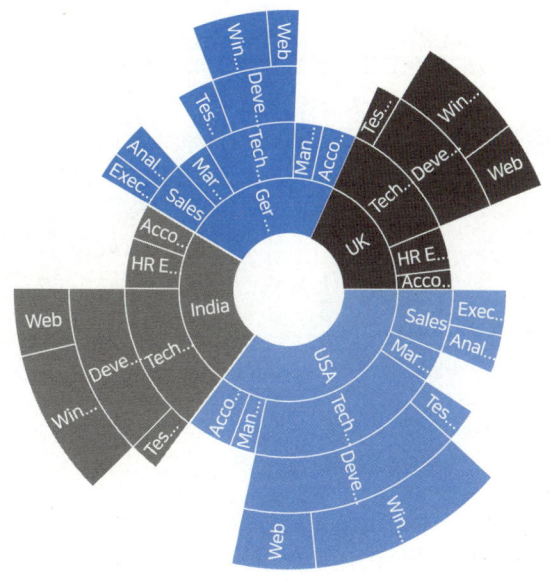

❽ 나이팅게일 차트(로즈 다이어그램)

- 파이차트에 '면적'이라는 개념으로 다차원의 데이터를 표현할 수 있는 시각화 기법이다. 면적에 따라 데이터를 비교할 수 있다.

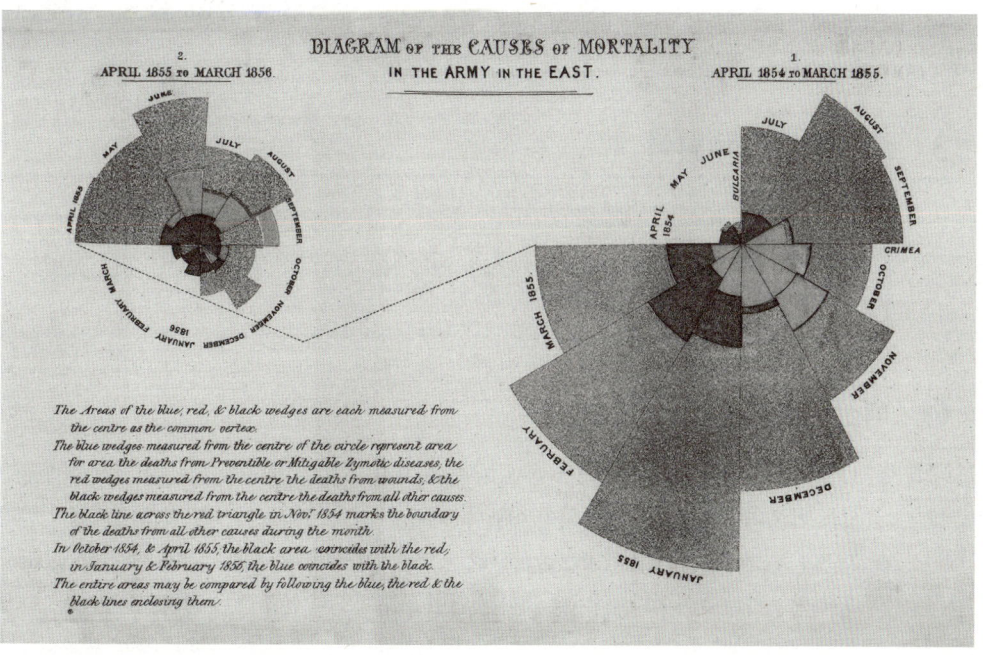

❾ 트리맵(Tree Map)

- 계층적으로 구조화 가능한 대용량 데이터를 표시하는데 용이하다. 범주 별 비중과 변수 값을 면적 및 색깔로 표현하여 다변량의 정보를 표시할 수 있다.

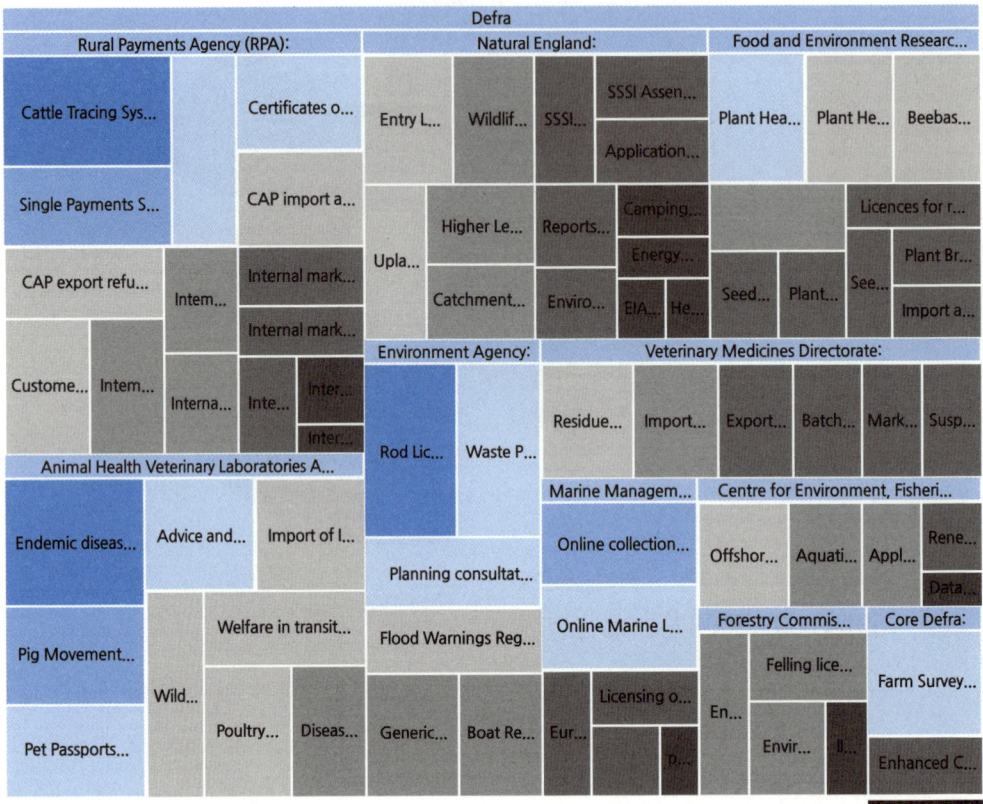

⚒3 비정형 데이터 탐색

> 일반적으로 텍스트, 이미지, 음성, GPS 위치 데이터가 있으며, 최근 지속 생성되는 데이터 중 가장 큰 비중을 차지하고 있다.

❶ 텍스트 데이터 탐색

- 가장 대표적인 비정형 데이터로 블로그, 뉴스, SNS, 논문, 메시지 등 광범위한 형태로 지속 생성되어 기존의 처리방식을 적용하기 어렵다. 대규모 텍스트에 숨겨진 관계를 탐색해야 한다.
- 자연어 처리(NLP : Natural Language Processing) : 인간의 언어를 컴퓨터가 인식 및 모사할 수 있도록 연구하는 분야이다. 의미를 지니는 단어들의 빈도와 분포를 추출한다.

- 텍스트 데이터 분석 종류
  ① 문서 분류
  ② 문서 군집
  ③ 메타데이터 추출
  ④ 정보 추출

♀ Word Cloud 기법

❷ 오피니언 마이닝

- 특정 주제에 대한 사람들의 주관적 의견을 통계 기법으로 객관적 정보로 바꾸는 데이터 마이닝 기법이다.
- 감정, 뉘앙스, 태도를 분석한다는 점에서 일반적인 텍스트 마이닝과 차이가 있으며 감성분석(Sentiment Analysis)이라고도 한다.
  ex 소비자의 반응 분석, 바이럴 분석

❸ 웹 마이닝

- 웹 로그나 사용자 행동을 기반으로 인사이트를 도출하는 것을 말한다. 웹 환경에서 얻어지는 패턴, 프로파일, 추세 등을 활용한다.
  ex 사용자 행동 분석, 특허 및 기술개발 모니터링, 이탈율 분석

❹ 웹크롤링

- 웹 페이지 접근을 통해 데이터를 수집하거나 웹 유지관리를 위해 사용된다. Scrapping과 Crawling의 개념은 분리해야 한다.
  ① Scrapping : 웹페이지의 내용 전체를 코드로 가져오는 것
  ② Crawling : Scrapping 뿐만 아니라 컨텐츠까지 데이터화 하는 것

크롤링 분석 환경 종류

구분	종류	설명
프로그래밍	C, Java, Python	프로그래밍 언어로 작성한 간단한 웹 크롤러
라이브러리	Beautiful Soup, lxml, Curl	html 파싱 등 프로그래밍으로 작성된 크롤러 지원
프레임워크	Scrapy, Nutch, Crawler4j	크롤링 아키텍처에 확장 가능한 코드제공
업무용 패키지	기업이 자체 개발한 크롤러	특정 목적을 가진 패키지 형태의 어플리케이션

Chapter 3 통계 기법의 이해

Sector 1 기술 통계

1 표본추출

- **모집단** : 정보를 얻고자 하는 관심 대상의 전체집합
- **표본** : 모집단의 일부 원소로 모집단의 성질을 추측하는데 사용하는 자료
- **표본 추출** : 모집단으로부터 표본을 선정하는 행위

① 표본 추출 기법

① **단순 랜덤 추출** : 모집단으로부터 무작위 추출을 진행하여, 각 원소가 뽑힐 확률이 동일하게 해주는 추출 방법이다.

② **계통 추출** : 단순 랜덤 추출을 변형한 방식으로, 샘플을 나열하여 n배수의 원소를 표본으로 추출하는 방식이다. (표본 수 = N/K)

📍 K가 3인 계통 추출

③ **층화 추출** : 이질적인 원소들로 구성된 모집단을 여러 층으로 분할한 뒤, 각 계층을 대표할 수 있도록 표본을 추출하는 방식이다. 층내 동질적, 층간 이질적인 특성을 가진다.

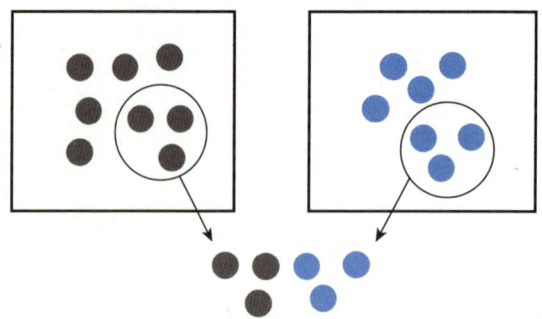

④ 군집 추출 : 집락 추출이라고도 하며, 모집단을 여러 군집(층)으로 나눈 뒤, 임의로 군집을 선택한다. 그 다음 군집의 일부 또는 전수를 표본으로 추출하는 방법이다. 집락 추출은 층화 추출에 비해 집단 내 이질적이고, 집단 간 동질적인 특징이 있다.

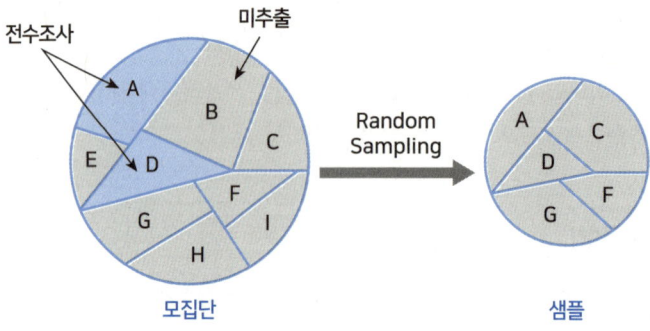

2 자료의 이해

❶ 통계 자료의 형태

구분	척도	설명
이산형 자료	명목 척도	측정 대상이 특정 범주에 속하게 되는 척도 → 성별, 지역, 혈액형
	순서 척도	특정 서열을 가지며 일정한 순서로 이루어져 있음 → 나이, 신용등급, 순위
연속형 자료	구간 척도	절대적인 기준이 존재하지 않고 덧셈, 뺄셈이 가능함 → 온도, 지수
	비율 척도	절대적 기준인 0이 존재하며 사칙연산이 가능함 → 무게, 나이, 시간

3 확률 분포

> 확률과 확률 분포란 모집단의 모수에 대한 추론이 얼마나 정확한지 타당성을 제시하는 도구이다.

❶ 확률

- **확률의 개념** : 불확정 현상을 반복 관찰하여 고유의 법칙성을 찾아내는 것을 말한다. 0과 1사이의 값을 가진다.

① **실험** : 결과를 관찰하기 위한 행위
② **모집단** : 분석하고자 하는 대상의 총 모수 집단
③ **표본** : 실험을 반복할 때 실험에서 발견될 수 있는 모든 결과의 집합
④ **사건** : 표본 공간의 원소들 중 일부분으로 이루어진 실험의 결과
⑤ **분포** : 자료 집단이 따르는 자료의 형태와 특성

❷ 확률의 계산

① **확률의 덧셈**
- 각 사건이 발생할 확률을 더한 것이며, 두 사건이 배타적인 경우(두 사건이 동시에 발생하지 않는 관계) 두 사건이 동시에 일어날 확률 $P(A \cap B)$는 0이다.

$$P(A \cup B) = P(A) + P(B) - P(A \cap B)$$

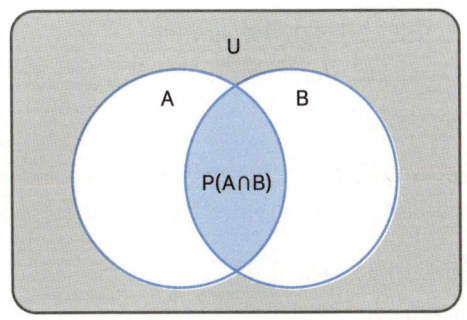

② **확률의 곱셈**
- 사건 A 또는 사건 B가 독립 사건인 경우 동시에 일어날 확률

$$P(A \cap B) = P(A) \times P(B)$$

③ 조건부 확률
- 어떠한 사건 A가 발생하였을 때, B가 발생할 확률

$$P(B \mid A) = \frac{P(A \cap B)}{P(A)}$$

④ 확률의 독립성
- 두 사건이 독립되었다면 다음과 같은 조건을 만족한다.

(가) $P(A \cap B) = P(A) \times P(B)$
(나) $P(B \mid A) = P(B)$
(다) $P(A \mid B) = P(A)$

⑤ 배반과 독립(상호 배타성)
- 배반과 독립은 혼동하기 쉬우나, 상호 배반이란 두 사건이 동시에 발생할 수 없음을 말한다.

(가) 배반 : $P(A \cap B) = \phi$, $P(A \cap B) = 0$
(나) 독립 : $P(A \cap B) = P(A) \times P(B)$

❸ 확률변수

- 확률변수란 어떤 사건의 시행 결과를 확률값으로 나타낸 수치를 말한다.

◉ 동전을 2회 던지는 경우 확률 변수

X(앞면)	0	1	2	합계
확률	1/4	1/2	1/4	1

① 이산형 확률 변수
- 이산점에서 확률값을 가지는 확률 변수이다. 확률의 크기를 표현하는 함수를 확률질량함수(Probability Mass Function)라 한다. 사건 자체 하나 하나를 이산적으로 셀 수 있다.
  - ex 주사위를 던지는 실험

(가) 베르누이 분포(Bernoulli Distribution, X ~ Bern(x, p))
- 결과가 성공 아니면 실패, 두 가지로 이루어진 이산확률분포

확률질량함수 : $f(x) = p^x q^{1-x}$
기댓값 : $E(X) = p$
분산 : $Var(X) = pq$

- ex 동전 던지기 실험, 야구 선수의 안타 확률

(나) **이항 분포**
- 베르누이 시행을 n번 반복할 때 k번 성공할 확률을 정의한 분포

  확률질량함수 : $f(x) = \binom{n}{x} p^x q^{n-x}$

  기댓값 : $E(X) = np$

  분산 : $\text{Var}(X) = npq$

- ex 주사위를 10회 던져서 숫자 6이 나오는 확률(베르누이 분포인 숫자 6이 나오는지 여부에 대한 확률을 10번 반복)

(다) **다항 분포**
- 여러 개의 값을 가질 수 있는 확률 변수들에 대한 분포로, 여러 번의 독립적 시행에서 각 값이 특정 횟수가 나타날 확률을 정의한 분포

  확률질량함수 : $f(x_1, x_2, \cdots x_k; n, p_1, p_2, \cdots, p_k) = \dfrac{n!}{x_1! x_2! \cdots x_k!} p_1^{x_1} p_2^{x_2} \cdots p_k^{x_k}$

  기댓값 : $E(X_i) = np_i$

  분산 : $\text{Var}(X_i) = np_i(1 - p_i)$

- ex 상자 안에 100개의 공이 있고, 빨강 20개, 파랑 30개, 노랑 50개 있을 때, 10개를 뽑는 경우 빨강 5개, 파랑 2개, 노랑이 3개 나올 확률

(라) **포아송 분포**
- 단위 시간 안에 어떤 사건이 몇 번 발생할 것인지 표현하는 분포

  확률질량함수 : $f(x) = \dfrac{\lambda^x e^{-\lambda}}{x!}$ (λ는 사건이 일어날 횟수에 대한 기댓값)

  기댓값 : $E(X_i) = \lambda$

  분산 : $\text{Var}(X_i) = \lambda$

- ex 한 시간 내에 찾아오는 방문객의 수, 하루 동안 발생하는 교통사고 수

② **연속형 확률 변수**
- 특정 실수 구간에서 0아닌 확률을 갖는 확률변수로, X의 확률 함수를 f(x)로 나타내며 확률밀도함수(Probability density function)이라 한다.
- X의 모든 가능한 값의 확률은 적분 $\int_{\infty}^{\infty} f(x) dx$으로 이 값은 1이다.

(가) **정규분포**(Normal Distribution, Gaussian Distribution, $X \sim N(\mu, \sigma^2)$)
- 통계적 추정 및 가설검정의 핵심이며, 사회적/자연적 현상의 여러 자료가 정규분포를 따른다.

$$X \sim N(\mu, \sigma^2)$$

확률밀도 함수 : $f(x) = \dfrac{1}{\sigma\sqrt{2\pi}} e^{-\frac{1}{2}\left(\frac{x-\mu}{\sigma}\right)^2}, -\infty < x < \infty$

평균 : μ

분산 : σ^2

- **정규분포의 특징**

  정규분포는 평균을 중심으로 대칭하며 종모양의 그래프를 가진다. 그래프의 모양은 평균과 표준편차의 크기에 의해 결정되며, 표준편차가 클 수록 퍼진 모양을 갖는다.

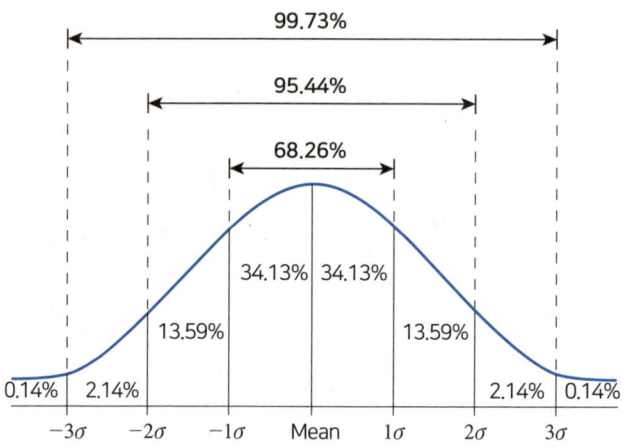

(나) **표준정규분포**(Standard Distribution, X~N(0, 1))

- 정규 분포를 평균 $\mu = 0$, 표준편차 $\sigma = 1$이 되도록 한 정규분포이다. 정규화를 통하여 관측치가 해당 분포에서 어디에 위치하는지를 표준화된 정규분포 변환식으로 알 수 있다.

$$정규화 : Z = \frac{X - \mu}{\sigma}$$

$$표본\ 평균\ \overline{X}\ 의\ 정규화 : Z = \frac{\overline{X} - \mu}{\sigma/\sqrt{n}} \sim N[0, 1]$$

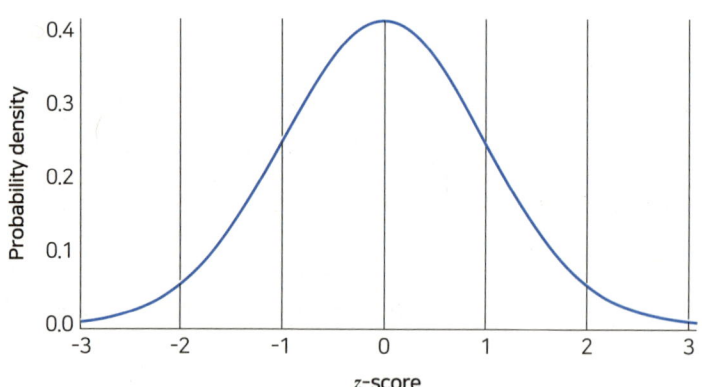

(다) **스튜던트 t 분포**(Student t Distribution, $X \sim t(n-1)$)

$$T = \frac{\overline{X} - \mu}{s/\sqrt{n}} \sim t(n-1)$$

- 주로 두 집단의 평균이 동일한지 검정하고자 할 때 사용한다. 연속형 데이터에서 활용하며, 표본 크기가 커지면 Z분포에 근사한다.
- t 분포란 '정규분포를 따르는 모집단의 표본분포'이다. 모집단의 모분산을 모르는 경우, 표본을 분석할 때 모집단의 모표준편차 'σ'는 알려지지 않은 상태이다. 이 때 σ 대신 추정량인 표본표준편차 s를 사용한다.
- 즉 t 분포란, 정규분포를 따르는 모집단으로부터 표본을 추출한 뒤, 모분산(혹은 모표준편차)을 모르는 경우 적용할 수 있는 분포이다.

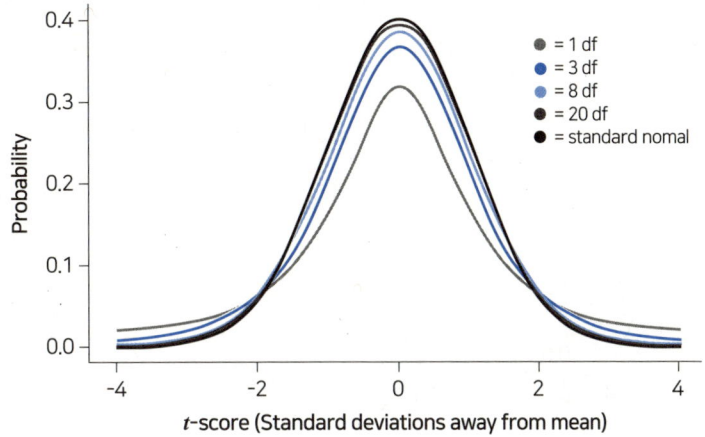

(라) **카이제곱분포**(Chi-Squared Distribution, X_i^2-분포)

$$\chi^2 = \sum \frac{(O_i - E_i)^2}{E_i}$$

χ^2 = chi squared
O_i = observed value
E_i = expected value

- 두 집단간의 동질성을 검정하는데 활용한다. K개의 서로 독립적인 표준 정규확률 변수를 제곱한 후 합하여 얻어지는 분포로 정의한다.
- 정규분포와 다르게 좌우 대칭이 아니지만, n이 30 이상이면 정규분포에 근사한다.
- 주로 범주형 분석에서 어떤 변수가 특정 분포를 따르는지 '적합도 검정'과, 두 변수간의 독립하는지 '독립성 검정' 하는데 사용된다.

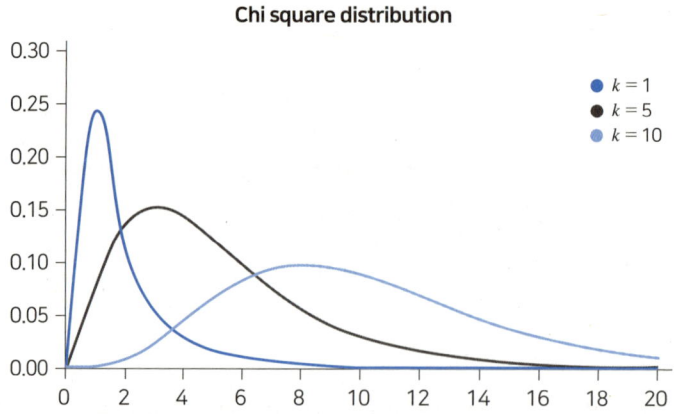

㈎ F 분포
- 두 집단 간 분산의 동일성 검정에 사용되는 검정 통계량 분포이다. 두개의 확률 변수 V_1, V_2의 자유도가 각각 K_1, K_2이며 카이제곱분포를 따를 때, 아래와 같이 정의된 확률 분포이다.

$$F = \frac{V_1/K_1}{V_2/K_2} \sim F(K_1, K_2)$$

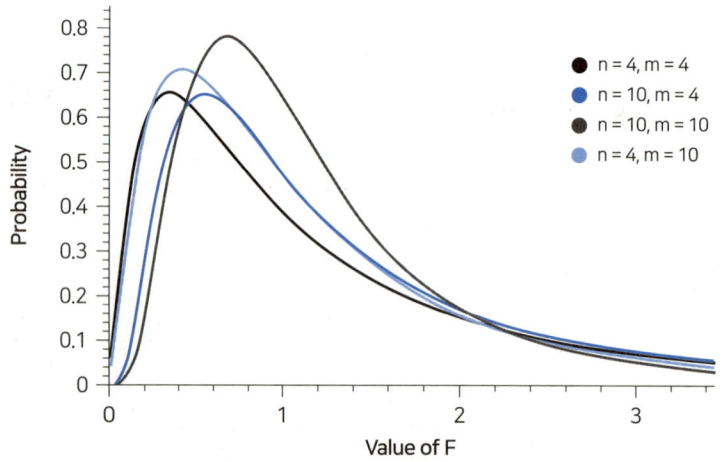

4 표본 분포

- 표본분포란 크기 n인 확률 표본이 가지는 확률 변수의 분포이다. 표본의 통계량이 이루는 확률분포를 표본 분포라고 한다. 예를 들어 모집단이 정규분포를 따르는 경우 확률표본도 정규분포에 근사한다.

❶ 모집단의 분포와 표본의 분포

① 모집단의 모수
- 모집단의 다양한 특성을 나타내는 통계량, 특성값을 의미한다.
  - ex 모집단의 평균 μ, 모집단의 표준편차 σ

② 표본의 통계량
- 표본 집단의 특성을 나타내는 통계량, 특성값을 의미한다. 대부분의 표본 통계량은 모집단의 모수에 근사하지만, **표본 통계량과 모집단 모수의 개념은 분리하여야 한다.**
  - ex 표본집단의 평균 $\overline{X}$, 표본집단의 표준 편차 S

❷ 표본평균의 통계량

- 모집단으로부터 추출한 표본으로부터 얻을 수 있는 모든 표본 평균 $\overline{X}$의 특성을 나타내는 통계량. 표본 평균 $\overline{X}$의 평균을 $\mu_{\overline{X}}$, 표준편차를 $\sigma_{\overline{X}}$로 표시한다.

① 표본평균의 분포
- 표본평균 $\overline{X}$의 기댓값은 모집단 평균 μ와 일치한다. 표본평균 $\overline{X}$의 평균은 $\mu_{\overline{X}}$로 표현한다.

② 표본평균의 분산, 표준오차(표준편차)
- 표본의 크기가 n일 때, 표본평균 $\overline{X}$들의 분산은 모집단의 분산 σ^2을 표본의 크기 n으로 나눈 것과 같다.

$$\sigma^2_{\overline{X}} = \frac{\sigma^2}{n}$$

❸ 중심극한정리(Central Limit Theorem)

- **동일한 확률분포를 가진 확률변수 n개의 평균 분포는, n이 적당히 크다면 정규분포에 가까워진다는 정리이다. 모집단의 분포와 상관없이 표본의 수가 큰 표본에서 표본평균 $\overline{X}$의 분포는 정규분포에 가까운 분포를 가진다.**
- 표본평균 $\overline{X}$의 분포는 다음과 같다. '표본분포의 평균'이 아니라, '표본 평균의 분포'임을 주의하여야 한다.
  - ex 모집단이 100개 인 경우, 20개의 표본을 8번 뽑으면 표본 평균이 8번 추출되며, 이 8개의 통계값이

따르는 분포를 '표본 평균의 분포'라고 한다.

$$\overline{X} \sim N\left(\mu, \frac{\sigma^2}{n}\right)$$

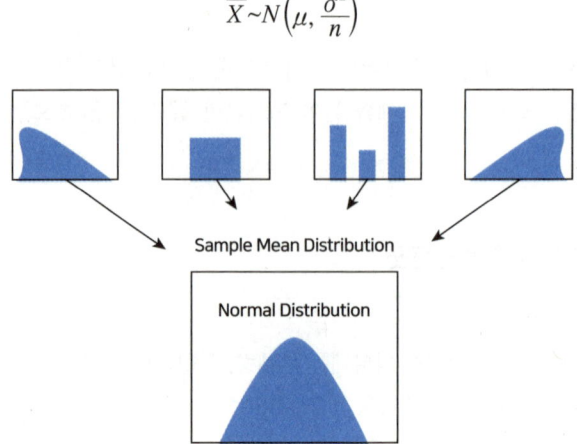

④ 표본평균의 표준화

- 표본평균 $\overline{X}$ 는 정규 분포의 확률 변수로서 평균이 μ, 표준오차는 $\sigma/\sqrt{n}$ 이다. 이를 표준화하게 되면 아래와 같다.

$$Z = \frac{\overline{X} - \mu}{\sigma/\sqrt{n}}$$

Sector 2 추론 통계

> 추론 통계학이란 모집단에 대한 미지의 양상을 알기 위해, 표본으로부터 얻은 통계량을 기초로 하여 모집단의 특성을 추론하는 것이다.

✦1 점 추정

> 점 추정이란 '모집단의 특성을 나타내는 모수'를 특정한 값으로 추정하는 것이다.

① 점추정량의 조건

① 불편성(Unbiasedness) : 표본에서 얻은 추정값과 모수는 차이가 없다.
② 효율성(Efficiency) : 최소의 분산을 가진 추정량이 효율적이다.

③ 일치성(Consistency) : 표본의 크기가 증가할수록 추정량이 정확하다.
④ 충분성(Sufficiency) : 모수에 대한 정보를 충분히 제공한다.

❷ 점추정량

- 표본의 통계량으로부터 모집단의 특성을 단일 모수값으로 추정하는 것이다.
- 추정량 $\hat{\theta}$는 θ에 대한 추정량이라고 하며, $\hat{\theta} = h(X_1, X_2, \cdots, X_{n-1}, X_n)$로 표현할 수 있다. 즉 $\hat{\theta}$는 표본공간 $X_1, X_2, \cdots, X_{n-1}, X_n$의 함수이다. 추정량 또한 확률 변수이므로 추정량도 특정한 확률 분포를 가진다.

① 모평균 μ의 추정량
- 모집단의 평균을 추정하기 위한 추정량으로, 표본의 확률값이다.

$$\overline{X} = \frac{1}{n}\sum_{i=1}^{n} X_i$$

② 모분산 σ^2의 추정량
- 모집단의 분산을 추정하기 위한 추정량으로, 표본의 분산이다.

$$S^2 = \frac{1}{n-1}\sum_{i=1}^{n}(X_i - \overline{X})^2$$

③ 모비율 p의 추정량
- n개의 표본에서 A, B 두가지만 가질 수 있는 이항확률변수의 정의에 대해 다음과 같이 표현할 수 있다.

$$\hat{p} = \frac{X}{n}$$

❸ 편향(Bias)

- 기대하는 추정량과 모수의 차이를 말하며, 편향이 작을수록 좋다
- 추정량의 편향을 $B(\hat{\theta})$라고 할 때, $B(\hat{\theta}) = E(\hat{\theta}) - \theta$로 나타낼 수 있다.

$$불편추정량 : B(\hat{\theta}) = 0$$

➡ 편향이 0이 되는 추정량을 불편추정량(Unbiased Estimate)이라고 한다.

❹ 평균제곱오차 MSE(Mean Squared Error)

- 특정 모수 θ에 대한 점추정량을 $\hat{\theta}$라고 할 때, 오차의 제곱에 대한 기댓값이다. 정확도에 대한 척도로 많이 사용된다.

$$MSE(\hat{\theta}) = E[(\hat{\theta} - \theta)^2]$$

⑤ 최대우도추정(MLE : Maximum Likelihood Estimates)

> 최대우도추정이란 모수(parameter)가 '미지의 θ'인 확률분포에서 뽑은 표본 x들을 바탕으로 '모수 θ'를 추정하는 기법이다. 여기서 우도(likelihood, 가능도)란 이미 주어진 표본 x들에 비추어 봤을 때 모집단의 모수 θ에 대한 추정이 가능한 정도를 수치로 표현한 것을 말한다

① 우도(가능도) 함수(Likelihood Function)
- 가능도 : 관측값 A가 관측 되었을 때, 어떠한 분포 B에 해당할 확률
- 각 확률 변수가 독립이고, $X_1, X_2, \cdots, X_{n-1}, X_n$의 결합밀도함수를 $f(X_1, X_2, \cdots, X_{n-1}, X_n)$로 볼 때, 우도함수는 $\mathcal{L}(X_1, X_2, \cdots, X_{n-1}, X_n)$이다.
- 우도 함수를 간략히 표현하면 아래와 같다.

$$\mathcal{L}(\theta|x) = \Pr(X = x|\theta)$$

- 확률 함수 $f(x)$: Fixed Parameter $\theta \rightarrow$ Probability
- 우도 함수 $\mathcal{L}(\theta)$: Observed data $\rightarrow$ Parameter θ

② 로그 가능도
- 우도 함수의 계산 복잡성을 고려하여, 로그 연산을 활용함으로써 쉽게 최대우도 추정을 수행할 수 있다.

$$\mathcal{L}(\theta|x) = P_1(X_1 = x_1) \times \cdots \times P_n(X_n = x_n)$$
$$\log\mathcal{L}(\theta|x) = \log P_1(X_1 = x_1) + \cdots + \log P_n(X_n = x_n)$$

③ 최대우도추정(최대 가능도 방법)
- 표본 $X_1, X_2, \cdots, X_{n-1}, X_n$의 관찰값을 가장 잘 설명해주는 θ의 추정량 $\hat{\theta}$를 찾아내는 것

$$(\hat{\theta}) = argmax\ \mathcal{L}(\theta)$$

- 미분을 통해 극댓값을 찾는 방식으로 계산하나, 로그 가능도를 사용하기도 한다.

2 구간 추정

- 점추정의 단점으로는 사실상 추정이 얼마나 정확한 지 판단이 어렵다는 것이다. 구간추정, 신뢰구간 방법을 적용하면 이런 문제를 해결할 수 있다
- 점추정에 오차의 개념을 도입한 것으로, 모수가 포함될 확률을 어떠한 신뢰성 안에서 추정하는 것이다.

① 신뢰 수준 : 신뢰 구간 안에 모수가 있을 가능성의 크기
② 신뢰 구간 : 각 신뢰수준 하에 모수가 존재할 것이라 예상하는 구간

1 단일 모수의 신뢰구간 추정

① 모평균 μ의 구간 추정
- 모평균의 추정량은 표본 평균 $\overline{X}$이다. 모분산이 알려진 경우와 알려지지 않은 경우로 구분한다. (모분산이 알려지지 않은 경우 '모표준편차 σ' 대신 그 추정량인 표본표준편차 s를 사용해야 하기 때문)

㈎ 모집단의 분산을 알고 있는 경우
- 모평균의 신뢰구간 $100(1-\alpha)\%$는 아래와 같다.

$$\overline{X} - Z_{\frac{\alpha}{2}} \cdot \frac{\sigma}{\sqrt{n}} \leq \mu \leq \overline{X} + Z_{\frac{\alpha}{2}} \cdot \frac{\sigma}{\sqrt{n}}$$

📍 Z–통계량에 의한 신뢰구간

신뢰수준	신뢰구간
90%	$\overline{X} - 1.645 \cdot \frac{\sigma}{\sqrt{n}} \leq \mu \leq \overline{X} + 1.645 \cdot \frac{\sigma}{\sqrt{n}}$
95%	$\overline{X} - 1.960 \cdot \frac{\sigma}{\sqrt{n}} \leq \mu \leq \overline{X} + 1.960 \cdot \frac{\sigma}{\sqrt{n}}$
99%	$\overline{X} - 2.576 \cdot \frac{\sigma}{\sqrt{n}} \leq \mu \leq \overline{X} + 2.576 \cdot \frac{\sigma}{\sqrt{n}}$

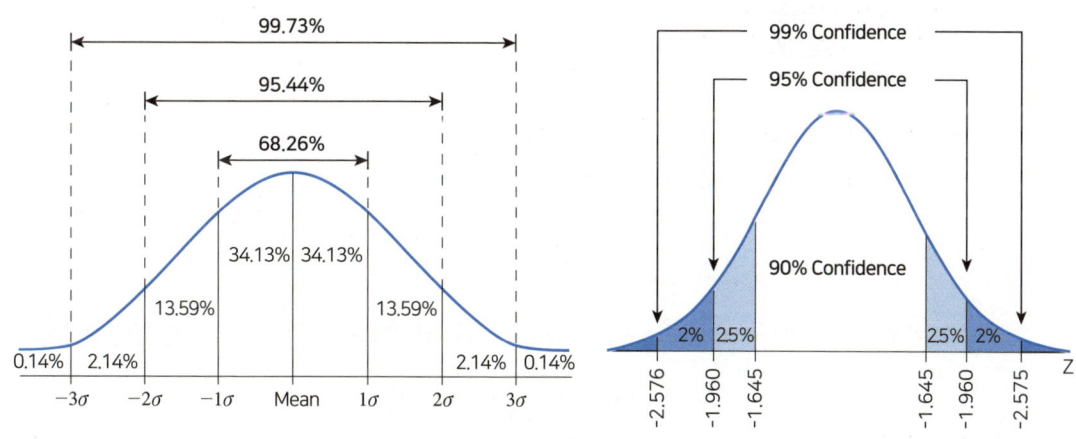

- 각 신뢰 구간은 표준정규분포의 특정값에 따라 결정된다. 여기서 1.645, 1.96 등 알고자 하는 신뢰구간을 특정하는 계수를 신뢰계수라고 한다.

(나) 모집단의 분산 σ^2을 모르는 경우
- 모집단의 평균을 추정할 때, 모분산 σ^2을 모른다면 이를 추정량으로 대신하여 계산해야 한다. σ의 불편추정량인 s를 대신 사용한다.

$$S = \sqrt{\frac{1}{n-1}\sum(x_i - \overline{X})^2}$$

- 모평균의 신뢰구간 $100(1-\alpha)\%$는 아래와 같다.

$$\overline{X} - Z_{\frac{\alpha}{2}} \cdot \frac{S}{\sqrt{n}} \leq \mu \leq \overline{X} + Z_{\frac{\alpha}{2}} \cdot \frac{S}{\sqrt{n}}$$

- 표본의 크기가 작은 경우, 표본 통계량은 정규분포가 아닌 자유도가 $n-1$인 t분포를 따르게 된다. 이 경우 신뢰구간은 아래와 같다.

$$\overline{X} - t_{\frac{\alpha}{2}, n-1} \cdot \frac{s}{\sqrt{n}} \leq \mu \leq \overline{X} + t_{\frac{\alpha}{2}, n-1} \cdot \frac{s}{\sqrt{n}}$$

(다) 모평균 신뢰구간 정리

전제	신뢰구간
모분산 아는 경우	$\overline{X} - Z_{\frac{\alpha}{2}} \cdot \frac{\sigma}{\sqrt{n}} \leq \mu \leq \overline{X} + Z_{\frac{\alpha}{2}} \cdot \frac{\sigma}{\sqrt{n}}$
모분산 모르는 경우 (표본 작음)	$\overline{X} - t_{\frac{\alpha}{2}, n-1} \cdot \frac{s}{\sqrt{n}} \leq \mu \leq \overline{X} + t_{\frac{\alpha}{2}, n-1} \cdot \frac{s}{\sqrt{n}}$
모분산 모르는 경우 (표본 큼)	$\overline{X} - Z_{\frac{\alpha}{2}} \cdot \frac{S}{\sqrt{n}} \leq \mu \leq \overline{X} + Z_{\frac{\alpha}{2}} \cdot \frac{S}{\sqrt{n}}$

② 모분산 σ^2의 구간 추정
- 모분산 σ^2의 추정량은 표본분산 s^2이다. 표본분산 s^2의 분포는 자유도가 $n-1$인 x^2-분포가 된다.

$$\frac{(n-1)s^2}{\sigma^2} \sim x^2_{n-1}$$

- σ^2에 대한 $100(1-\alpha)\%$ 신뢰구간은 아래와 같다. 신뢰계수는 x^2 분포표로부터 얻을 수 있다.

$$\frac{(n-1)s^2}{x^2_{\alpha/2}} \leq \sigma^2 \leq \frac{(n-1)s^2}{x^2_{1-\alpha/2}}$$

③ 모비율 P에 대한 신뢰구간
- 모비율 p의 추정량은 표본비율 $\hat{p}$이다.
- $\hat{p}$의 평균과 분산은 각각 $E(\hat{p}) = p$, $Var(\hat{p}) = \frac{1}{n}p(1-p)$이며, 중심극한 정리에 의해 정규 분포는 아래와 같다.

$$\frac{\overline{P} - P}{\sqrt{P(1-P)/n}} \sim N(0,1)$$

- P에 대한 $100(1-\alpha)\%$ 신뢰구간은 아래와 같다. 중심 극한 정리에 의해 신뢰 계수는 표준정규 분포를 이용하여 추정한다.

$$\hat{p} - Z_{\frac{\alpha}{2}} \cdot \sqrt{\frac{p(1-p)}{n}} \leq p \leq \hat{p} + Z_{\frac{\alpha}{2}} \cdot \sqrt{\frac{p(1-p)}{n}}$$

3 가설 검정

- 모집단에 대해 어떤 가설을 세워, 데이터를 통해 알고자 하는 사실에 대한 타당성 여부를 검정한다. 가설을 세우고 이를 검정하는 것이다.
- 오류의 허용 범위를 정하고, 허용 범위에 따른 통계량을 기준으로 가설을 채택하거나 기각한다.

❶ 가설검정 기본개념

① 귀무가설 H_0 : 현재 통념적으로 받아들여지고 있는 모수에 대한 주장
② 대립가설 H_1 : 새롭게 주장하는 사실, 통계를 통해 입증하고자 하는 가설
③ 1종 오류 : 귀무가설이 참인데 대립가설을 채택하는 오류
④ 2종 오류 : 대립가설이 참인데 귀무가설을 채택하는 오류, 제2종 오류 확률을 β라고 하며, '$1-\beta$'를 검정력이라고 한다.

	H_0가 사실이라고 판정	H_0가 사실이 아니라고 판정
H_0가 사실일 때	옳은 결정	제1종 오류
H_0가 사실이 아닐 때	제2종 오류	옳은 결정

⑤ 유의수준 α : 귀무가설 H_0이 옳은데도 이를 기각하고 대립가설을 채택할 확률의 허용한계(1종 오류를 범할 확률의 최대 허용한계)
  - 일반적으로 유의수준은 0.01, 0.05, 0.1을 주로 사용하며, 분석자가 설정한 유의수준보다 P-value가 작을 경우 귀무가설을 기각하며, 유의수준보다 P-value가 클 경우 귀무가설을 채택한다.
⑥ P-value : 관측되는 확률값으로 귀무가설 기각이 가능한 최소 유의수준 확률이라고 한다. P-value 값이 작을수록 오류를 범하지 않고 귀무가설을 기각할 수 있다.
⑦ 기각역 : 유의수준 α에 의해 설정된 구간으로, 이 구간에 P-value가 포함될 경우 귀무가설을 기각한다. 양측 검정일 경우 분포 양 끝에, 단측 검정일 경우 분포 한 쪽에 형성된다.

❷ 기각역의 설정

- 유의수준에 의하여 기각역 C의 크기가 결정되며, 기각역의 위치는 단측/양측 검정에 따라 결정된다.

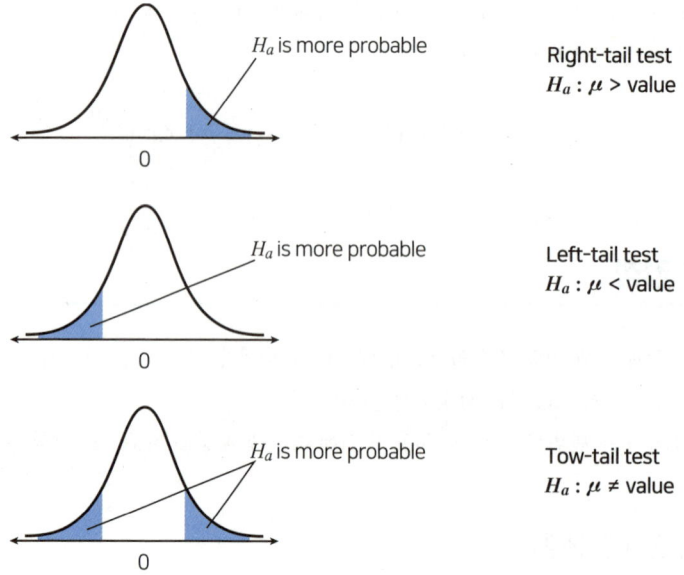

③ 가설검정 단계

① 검정하고자 하는 대상에 따라 귀무가설과 대립가설을 세운다.
② 검정 통계량을 구하고 분포를 구한다.
③ 유의수준 α를 설정하고, 가설의 형태에 따라 기각역을 설정한다.
④ 검정 통계량 값을 계산한다.
⑤ 검정 통계량이 기각역에 속하는지, 채택역에 속하는지 판단하여 귀무가설을 기각 또는 채택한다.

④ 독립표본 평균 차이 검정(T-검정)

- 속성이 다른 두 독립표본 간 평균 차이가 있는지 검정하는 것이다.

① 귀무가설 $H_0 : \mu_1 - \mu_2 = 0$
② 대립가설 $H_1 : \mu_1 - \mu_2 \neq 0$
③ 검정 통계량 : 위 가설을 검정하기 위한 통계량은 $\overline{X}$와 $\overline{Y}$의 차이에 근거하여 구성한다.

$$t_0 = \frac{\overline{X} - \overline{Y}}{S_p / \sqrt{\frac{1}{n} + \frac{1}{m}}}$$

⑤ 대응표본 평균 차이 검정(T-검정)

- 특정 요소만 달라진 두 대응표본 간 평균 차이가 있는지 검정하는 것이다. 동질적인 쌍으로 표본을 묶어 대응비교 혹은 쌍체비교라고 한다.

① 귀무가설 $H_0 : \mu_1 - \mu_2 = 0$
② 대립가설 $H_1 : \mu_1 - \mu_2 \neq 0$
③ 검정 통계량 : 표본쌍$(X_1,Y_1)(X_2,Y_2)(X_3,Y_3)$을 기반으로 통계량을 설정하며, 가설을 검정하기 위한 통계량은 표본쌍의 차이$(D_i = X_i - Y_i)$에 근거하여 구성한다.

$$t = \frac{\overline{D} - (\mu_x - \mu_y)}{S_D / \sqrt{n}}$$

PART 3
빅데이터 모델링

CHAPTER 1 분석 모형 설계
CHAPTER 2 분석 기법
CHAPTER 3 고급 분석 기법

Chapter 1 분석 모형 설계

Sector 1 분석 모형 구축

1 분석 모형 선정

> 해결하고자 하는 문제와 비즈니스를 정의하고, 데이터 선정과 분석 목표/조건을 수립하여 분석 모형을 선정한다.

❶ 분석 모형 종류

① 머신러닝 모형

	분류	예측
지도 학습	로지스틱 회귀	회귀 분석
	의사결정 나무	로지스틱 회귀
	서포트 벡터 머신	KNN(K-Nearest Neighbor)
	랜덤 포레스트	시계열 분석
	KNN(K-Nearest Neighbor)	서포트 벡터 머신
	나이브 베이즈	인공 신경망
	인공 신경망	
	군집화	차원 축소
비지도 학습	군집 분석	주성분 분석(PCA)
	K-means Clustering	요인분석
	MCMC(Markov Chain Monte-Carlo)	다차원 척도법
강화 학습	Q-Learning	시간차 학습

② 텍스트 마이닝 유형

문서 분류	문서 군집	정보 추출
문서의 내용에 따라 분류하고, 문서의 주제를 탐색하는 지도학습 방법	비슷한 유형의 문서를 군집으로 묶는 비지도 학습 방법	문서에서 중요한 컨텐츠를 자동으로 추출하는 방법

③ 웹 마이닝 유형

웹 구조 마이닝	웹 유시지 마이닝	웹 콘텐츠 마이닝
웹 사이트의 노드와 연결 구조, 아키텍쳐를 분석하는 방법	사용자 패턴, 로그를 분석하여 개인화된 서비스 및 개선하는 방법	사용자가 원하는 콘텐츠를 빠르게 찾는 방법

❷ 변수형에 따른 분석 모형 분류

		종속변수(Y값, 반응 변수)	
		연속형	범주형
독립변수 (X값, 설명 변수)	연속형	회귀분석	로지스틱 회귀분석
		인공신경망	판별 분석
		KNN	KNN
			의사결정나무
	범주형	회귀분석	인공신경망
		인공신경망	로지스틱 회귀분석
			의사결정나무

2 분석 모형 정의

 분석 모형을 선정하고, 모형에 적합한 변수를 선택하여 모형의 적용, 성능평가를 하는 과정이다. 분석을 위한 데이터 셋은 Hold-Out 기법에 따라 훈련용, 검증용, 평가용으로 나뉜다.

❶ 적합한 모형 설정

① 파라미터(Parameter)
- 모델 내부에서 확인 가능한 변수로, 모델에 의해 요구되는 값. 사람에 의해 측정되지 않음

- 모델의 성능을 결정하며, 측정되거나 데이터로부터 학습됨. 학습된 모델의 일부로서 저장되기도 함
  - ex) 인공신경망 가중치, 회귀분석의 결정계수 등

② 하이퍼 파라미터(Hyper Parameter)
- 모델 외적인 요소로 **학습자가 직접 설정해주는 값**
- 파라미터를 측정하기 위한 알고리즘에서 설정 값으로 사용하며, 경험에 의해 결정 가능한 값
  - ex) 의사결정 나무에서 나무의 깊이, KNN에서 K의 개수

❷ 분석 모형 고려사항

- 과소적합과 과대적합 : 모델이 너무 간단할 경우 과소적합 되며, 모델이 너무 복잡할 경우 학습데이터에 과대적합 된다.
- 적절한 모형 복잡도를 설정하여 오류 및 편향이 발생하지 않고 성능이 좋은 모형이 학습되도록 해야 한다.

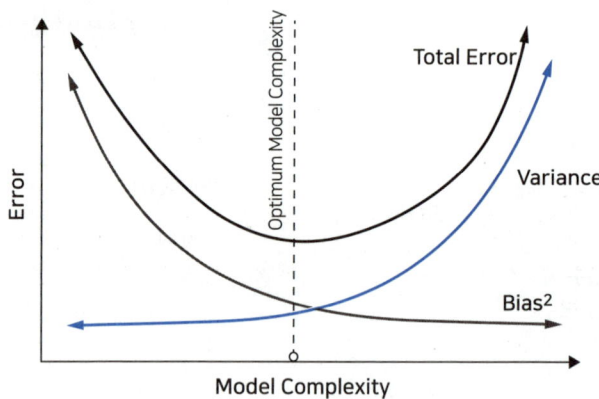

✣3 분석 모형 구축

 분석 모형 구축은 데이터 수집 및 처리, 알고리즘 수행, 결과 평가 및 모형 선정의 순서로 진행된다.

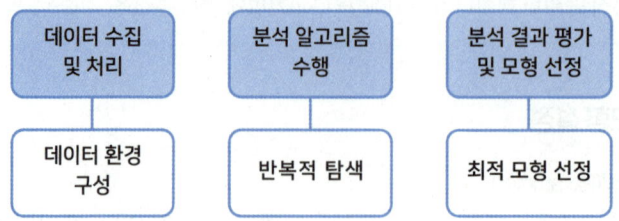

❶ 분석 데이터 수집 및 처리

① 데이터 마트 구성
- 데이터 마트를 구성하기 위해서는 분석 목적을 이해하고, 목적을 이루는데 필요한 데이터를 검토한 뒤, 데이터 항목을 선정하여 수집한다.
- 분석 데이터를 선정할 때는 최소가 아닌 필요 이상의 최대 항목 데이터를 수집한다.

> 데이터 마트(Data Mart)란 데이터 웨어하우스(Data Warehouse)환경에서 정의된 '데이터 접근 계층'을 의미한다. 데이터를 꺼내어 사용자에게 제공하는 역할을 한다.

② 분석 데이터 현황
- 데이터 선정 후, 어떤 변수들이 있는 지와 각 변수의 형태에 대하여 살펴본다.
- 데이터 현황 분석 시 4가지 현황 요소인 ① 데이터 충실도, ② 데이터 이상도, ③ 데이터 분포도, ④ 데이터 오류율을 점검한다.

❷ 분석 알고리즘 수행

① 분석 알고리즘 선정
- (가) **분석 목적** : 분석의 목적이 미래의 결과를 예측하는 것인지 또는 현상을 이해하기 위한 것인지에 따라 알고리즘을 다르게 정의할 수 있다.
- (나) **데이터 유형** : 소셜 데이터, IoT 센서 데이터, 이미지와 동영상 등이 있다.
- (다) **데이터 크기** : 데이터의 크기는 알고리즘 성능에 영향을 미치며, 대용량 데이터의 경우 데이터 처리가 가능한 알고리즘을 선정해야 한다.
- (라) **분석 인프라** : 분석 소프트웨어나 병렬/분산 처리 환경에 따라 적합한 알고리즘을 다르게 정의할 수 있다.

② 분석 알고리즘 수행
- (가) **데이터셋 준비** : 훈련, 평가, 검증 데이터 셋을 준비한다. 데이터 셋의 크기는 훈련 > 검증 > 평가 순으로 분류하여 준비한다.
- (나) **파라미터 설정 및 조정** : 각 알고리즘의 파라미터 설정에 따라 모델의 결과가 달라진다. 파라미터에 민감한 알고리즘이나 분류 기반 학습 방법은 반복적으로 파라미터를 조정하며 모형을 강화한다.
- (다) **분석 결과 기록** : 알고리즘 수행 결과를 기록하고 비교하여 최적의 파라미터로 학습할 수 있도록 한다.

③ 분석 결과 평가 및 모델 선정
- **모형 평가** : 알고리즘 수행 결과를 비교하여 최적의 모형을 선정한다. 성능이 좋더라도 다양한 이해관계자의 의견을 수렴하여 실질적인 활용 가능성을 토대로 분석 모형을 선정한다.

📍 성능 평가 지표

지도학습	분류 정확도
	평균 오차율
	오류 재현율
비지도학습	소속률
	군집도
기타	텍스트 매칭률
	문서 분류율

Sector 2 분석 환경 구축

1 분석 도구 선정

❶ R

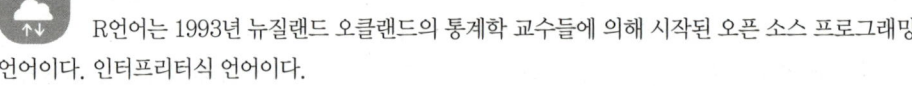

R언어는 1993년 뉴질랜드 오클랜드의 통계학 교수들에 의해 시작된 오픈 소스 프로그래밍 언어이다. 인터프리터식 언어이다.

① 객체지향 언어 : 자동화나 함수를 생성하여 활용이 가능하다. 데이터가 객체 형태로 관리되어 효율적으로 조작할 수 있다.
② 오픈 소스 : 오픈 소스 기반으로 운영되어 커뮤니티를 통해 여러 패키지와 최신 알고리즘을 쉽게 사용할 수 있다.
③ 그래픽 및 성능 : 다양한 시각화 도구와 고속 메모리 처리가 가능하다.

장점	• 강력한 시각화 도구 • 지속 업데이트되는 패키지와 접근 가능한 최신 기술
단점	대용량 메모리 처리가 어려우며 보안 기능에 취약

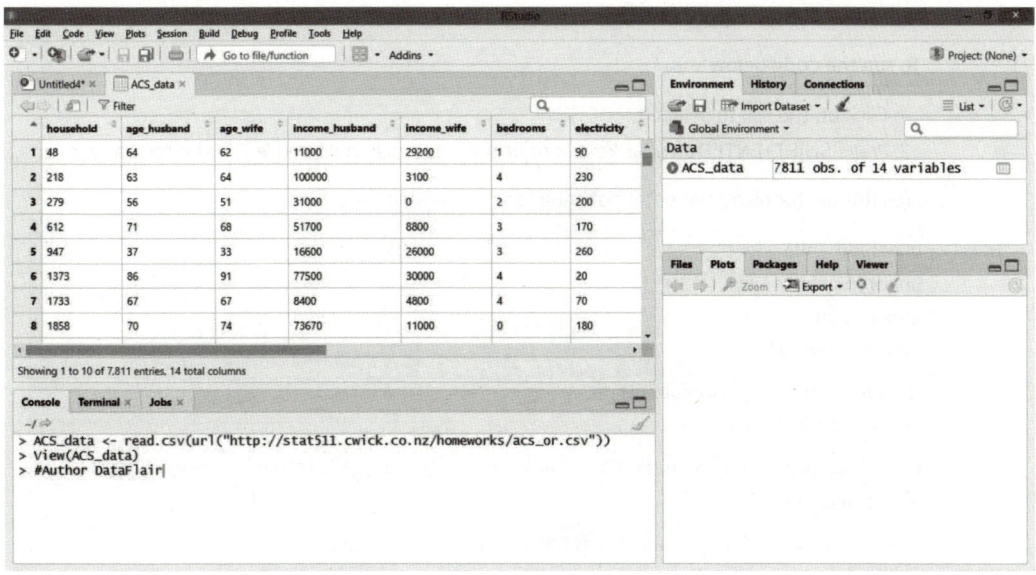

❷ Python

> 1991년 프로그래머 귀도 반 로섬이 발표한 오픈 소스 프로그래밍 언어이다. 인터프리터식 언어이다. R은 통계분석 도구에 강력한 편의성을 보이며, Python은 데이터분석, 개발 등 범용적인 프로그래밍 언어의 양상을 띈다.

① 객체지향 언어 : 내장 객체 자료형을 활용하며 동적인 데이터 타입과 관계없이 일반화된 코드 작성이 용이하다.
② 간단하고 쉬운 문법 : 간결한 문법과 인산이 사고 체계와 유사한 표현으로 쉽게 배울 수 있다.
③ 높은 확장성 : 다른 언어와 라이브러리에 쉽게 접근하여 사용할 수 있다.
④ 아나콘다 : 인공지능, 머신러닝, 수학 및 과학 연구 등 여러 분야에서 사용되는 패키지를 묶어 놓은 파이썬 배포판이다.
⑤ 주피터 노트북(Jupyter Notebook) : 인터렉티브 형식의 코드를 제공하는 어플리케이션으로, 결과를 바로 확인할 수 있는 강점이 있다.

장점	• 재사용 가능한 모듈과 다양한 라이브러리 제공 • C언어 외 다른 언어와 연동성이 높음
단점	인터프리터 방식으로 실행속도가 느림 ➡ Just-in-time 컴파일러를 사용하여 보완

Run some Python code!

To run the code below:

1. Click on the cell to select it.
2. Press **SHIFT+ENTER** on your keyboard or press the play button (▶) in the toolbar above.

A full tutorial for using the notebook interface is available here.

In [1]:
```python
matplotlib inline
import pandas as pd
import numpy as np
import matplotlib
from matplotlib import pyplot as plt
import seaborn as sns
ts = pd.Series(np.random.randn(1000), index = pd.date_range('1/1/2000', periods=1000))
ts = ts.cumsum()
df = pd.DataFrame(np.random.randn(1000, 4), index = ts.index,
                  columns=['A', 'B', 'C', 'D'])
df = df.cumsum()
plt.figure() ; df.plot() ; plt.legend(loc='best')
```

Out[1]: <matplotlib.legend.Legend at 0x7fb27b72fcc0>
<matplotlib.figure.Figure at 0x7fb283672b70>

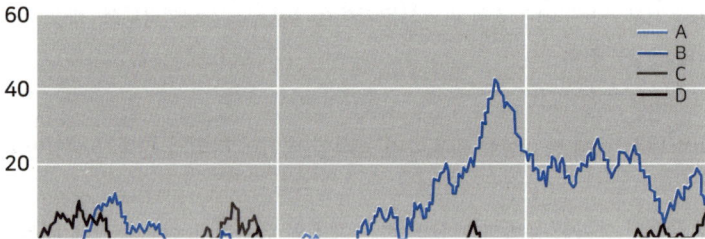

③ SAS(Statistical Analysis System)

- 통계 분석 소프트웨어의 최강자로, 뛰어난 보안 성능을 기반으로 금융 분야와 의료분야에서 활발히 사용되고 있다.
- 오픈소스 기반 소프트웨어가 아니기 때문에, R과 Python으로 인해 최근 기업 선호도가 감소하고 있다.

④ SPSS

- 사회과학 분야에서 통계 분석을 활용하기 위해 고안된 프로그램으로, 엑셀 형태의 데이터 입력 방식과 간단한 클릭을 통해 여러 분석 기법을 적용할 수 있다.

2 데이터 분할

- 데이터 분할이란, 데이터 모델을 실전에 투입하기 전에 일반화된 성능을 추정하기 위해 진행한다. 훈련 데이터로 모델을 훈련시키고, 평가데이터로 모델을 평가한다. 그 후 마지막으로 검증 데이터 셋을 활용하여 검증한다.

❶ 데이터 분류

① 훈련 데이터 셋(Training Data set)
- 데이터를 학습시켜 분석 모형을 구축하는데 사용한다. 일반적으로 전체 데이터의 50%를 할당한다.

② 검증용 데이터 셋(Validation Data set)
- 구축된 모형의 과소 추정 및 과대 추정에 대한 성능을 평가하고, 파라미터와 같은 요소를 조절하여 더 나은 모형을 구축하도록 검증한다. 일반적으로 데이터의 30%를 사용한다.

③ 평가용 데이터 셋(Test Data set)
- 최종적으로 모형을 평가하며 모델에 대한 표준을 작성하기 위한 데이터 셋이다. 일반적으로 데이터의 20%를 사용한다.

❷ 데이터 양이 충분하지 않은 경우

① 홀드아웃(Hold – Out)
- 주어진 데이터를 랜덤하게 두개의 데이터로 구분하여 훈련/평가로 분류한 뒤 사용하는 방식이다. 데이터가 충분한 경우, 훈련 데이터는 다시 훈련/검증용 데이터로 분류할 수 있다.

② 교차 검증(K–fold Cross – Validation)
- 데이터를 무작위, 혹은 규칙을 설정하여 K 개의 집단으로 구분한 뒤, 한 개의 데이터 집단을 검증용 데이터셋으로 활용한다. 이를 K번 반복하여 얻은 MSE값을 최종 성과지표로 활용한다.

	Fold 1	Fold 2	Fold 3	Fold 4	Fold 5	
Split 1	Fold 1	Fold 2	Fold 3	Fold 4	Fold 5	Metric 1
Split 2	Fold 1	Fold 2	Fold 3	Fold 4	Fold 5	Metric 2
Split 3	Fold 1	Fold 2	Fold 3	Fold 4	Fold 5	Metric 3
Split 4	Fold 1	Fold 2	Fold 3	Fold 4	Fold 5	Metric 4
Split 5	Fold 1	Fold 2	Fold 3	Fold 4	Fold 5	Metric 5

Training data Test data

📍 K Fold CV 도식

- 데이터 셋을 K번 반복하여 학습하기 때문에 시간이 오래 걸리는 단점이 있지만, 다양한 학습 데이터를 사용하는 관점에서 성능이 좋다는 장점이 있다.

Chapter 2 분석 기법

Sector 1 회귀분석

⚙ 1 회귀분석

- 원인과 결과에 대한 연관성을 분석하여 인과관계를 밝혀내는 것으로, 변수를 예측하거나 추론하는 모형을 구하는 기법이다.

❶ 회귀분석 기본개념

① **독립변수** : 원인을 설명하는 변수로, x값 또는 설명변수라고 한다.
② **종속변수** : 결과를 설명하는 변수로, y값 또는 반응변수라고 한다.
③ **최소자승법** : 잔차의 차이(실제 y값과 예측한 y값의 차이) 제곱합이 가장 최소가 되는 모형(최소자승이 되는 회귀 계수를 갖는 모형)을 찾는 방법이다. 최소제곱법이라고 한다.

$$\operatorname{argmin} \sum (y_i - \hat{y}_i)^2$$

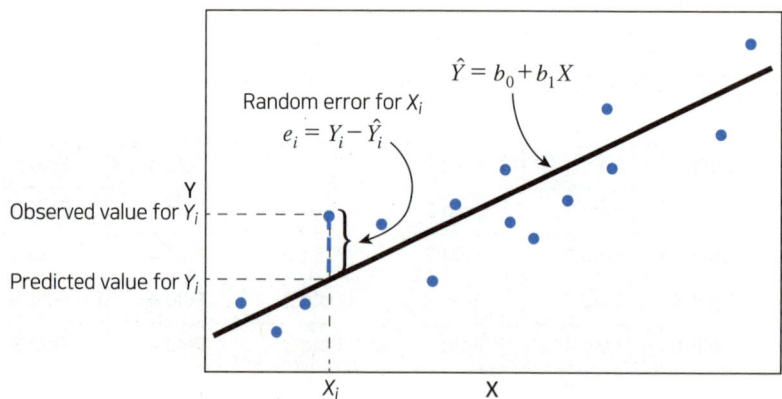

❷ 회귀분석의 가정

① 독립변수와 종속변수의 선형성 : 설명변수와 반응변수는 선형적인 관계를 지녀야 한다.
② 잔차의 등분산성 : 잔차들의 분산이 일정하여 고르게 퍼져 있어야 한다.
③ 잔차의 정규성 : 잔차의 평균은 0이어야 하고, 잔차의 분포는 정규분포를 띠어야 한다.
④ 잔차의 독립성 : 잔차는 서로 독립적이어야 한다.

 잔차 : 예측된 Y값과 실제 관측된 Y 값의 차이

❸ 단순 선형회귀 분석

- 하나의 독립변수가 종속변수에 미치는 영향을 추정하는 기법이다.
- β_0는 절편, β_1는 회귀 계수, ε_i는 오차를 나타낸다.

$$Y_i = \beta_0 + \beta_1 x_1 + \varepsilon_i$$

① 회귀계수의 추정 방법
- 종속변수인 Y_i 값을 가장 잘 예측하는 계수 β_0와 β_1은 최소자승추정 방법을 통해 계산된다. **최소자승법(최소제곱법)**이란 회귀식에 의해 추정된 종속변수의 값이 실제 값과 가장 작은 오차를 가지는 회귀 계수를 추정하는 방법이다.

$$\beta_1 = \frac{\sum(x_i - \overline{x})(y_i - \overline{y})}{\sum(x_i - \overline{x})^2}$$
$$\beta_0 = \overline{y} - b_1 \overline{x}$$

② 회귀모형이 검정
- 회귀 모형 또한 통계적 추론이기에, 회귀 모형을 실제로 적용할 수 있는지 그리고 유의한지 검정 과정을 거쳐야 한다. 회귀 모형의 유의성 검정은 F-검정을 활용한다.

귀무가설 H_0 : 회귀 계수 β_1는 0이다.
대립가설 H_1 : 회귀 계수 β_1는 0이 아니다.

- F 통계량에 의해 계산된 P-value가 0.05보다 작으면 귀무가설이 기각되어 추정된 회귀 모형이 유의하다고 판단할 수 있다.
- 회귀분석의 분산분석표는 제곱합 $SST = SSR + SSE$으로 이루어져 있다.

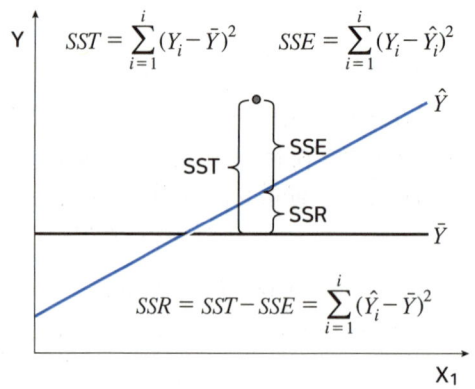

제곱합	자유도	평균 제곱	F-통계량
SSR	1	MSR = SSR	MSR/MSE
SSE	n − 2	MSE = SSE/(n − 2)	
SST	n − 1		

③ 회귀 모형과 결정계수

- 결정계수 R^2이란 회귀모형을 얼마나 잘 설명하는지 나타내는 척도이다.

$$R_2 = \frac{SSR(회귀제곱합)}{SST(총 제곱합)}$$

- 결정계수는 추정된 회귀식이 총 데이터에서 설명할 수 있는 데이터의 비율을 말하며, 높은 값을 가질수록 설명력이 높다고 볼 수 있다.

2 다중 선형회귀 분석

- 다중 선형회귀 분석이란 다변량 회귀분석이라고도 하며, 독립변수(설명변수)가 여러 개인 경우 종속변수에 미치는 영향을 추정하는 기법이다. 실제 분석에서는 단순선형회귀가 아닌 다중 선형회귀 분석을 일반적으로 사용한다.

$$Y = \beta_0 + \beta_1 x_1 + \beta_2 x_2 + \cdots + \beta_k x_k + \varepsilon_i$$

❶ 다중공선성(Multicollinearity)

- 다중공선성이란 독립변수(설명변수)들 간의 상관관계를 나타내는 척도이다. 다중공선성 문제가 존재할 경우, 독립변수의 효과추정이 큰 오차를 갖게 될 수 있어 다변량 분석에서 고려해야하는 사항이다.

- 다중공선성을 확인 방법은 크게 3가지로, ① **상관계수**, ② **공차한계(Tolerance)**, ③ **분산 팽창 지수(VIF)**가 있다. 일반적으로 상관계수가 1에 가깝거나, 분산팽창지수(VIF)가 10이상이면, 다중공선성 문제가 존재하며 두 변수가 서로 독립적이지 않다는 것을 의미한다.

❷ 결과 해석

① 가설검정(F-검정)
- 귀무가설 H_0 : 모든 회귀 계수 β_i는 0이다.
- 대립가설 H_1 : 모든 회귀 계수 β_i는 0이 아니다.

② 분산분석표

제곱합	자유도	평균 제곱	F-통계량
SSR	k	MSR = SSR/k	MSR/MSE
SSE	n − k − 1	MSE = SSE/(n − k − 1)	
SST	n − 1		

③ 수정된 결정계수
- 다중 선형회귀분석에서는 독립변수의 유의성과 상관없이, 독립변수의 수가 많아질 수록 결정계수가 높아지는 현상이 있다. 이를 보완하기 위해 수정된 결정계수를 사용하며 수식은 아래와 같다.

$$Adjusted\ R^2 = 1 - \frac{SSE/(n-k-1)}{SST/(n-1)}$$

④ 회귀분석 결과 해석 예시 : 변수가 3개인 다중 회귀분석

(가) Model Summary

Model	R	R Square	Adjusted R Square	Std. Error of the Estimate
1	.887[a]	.787	.776	236.175

- 다중 회귀분석의 경우 Adjusted R Square를 적용한다. 0.776으로 총 모형의 77.6%를 회귀모형이 설명한다는 의미이다.

(나) ANOVA Table

Model		Sum of Squares	df	Mean Square	F	Sig.
1	Regression	12140325.67	3	4046775.224	72.551	.000[b]
	Residual	3290934.645	59	55778.553		
	Total	15431260.32	62			

- 변수가 3개이므로 회귀 모형의 자유도는 3이다. 회귀모형의 제곱합인 SSR은 12140325.67, 잔차 제곱합인 SSE는 3290934.645이다. 이를 자유도로 나누어 평균 제곱합을 구하면 MSR은 4046775.224, MSE는 55778.553이 된다.
- 구해진 평균 제곱합을 기반으로 F 통계량을 구한 결과 72.551이며, 이는 P-value가 0.000~으로 매우 작아 귀무가설을 기각한다고 볼 수 있다. 즉, '회귀 계수가 0이다.'라는 귀무가설이 기각되어 본 회귀모형은 모형을 잘 설명한다고 해석할 수 있다.

(다) 회귀 계수

Model		Unstandardized Coefficients		Standardized Coefficients	t	Sig.
		B	Std. Error	Beta		
1	(Constant)	425.444	170.533		2.495	.015
	AvgRecAge	−16.753	9.105	−.181	−1.840	.071
	Mined	18.634	2.056	.790	9.065	.000
	RF	−9.199	7.567	−.108	−1.216	.229

- 회귀 계수를 기반으로 회귀식을 표현하면,

$$Y = 425.444 - 16.753(AvgRecAge) + 18.634(Mined) - 9.199(RF) + \varepsilon_i$$

위와 같다. 회귀 변수의 유의확률은 각 0.071, 0.000, 0.229로, Mined 변수가 가장 유의한 변수이며, 0.1의 유의수준을 설정하는 경우 RF는 유의하지 않은 변수로 해석할 수 있다.

③ 변수 선택법

① 전진 선택법
- 영 모형(Null Model)에서 시작하여 F test를 통해 유의성 검정을 시행한다. 가장 큰 F 통계량을 갖는 모형을 선택하고, 추가된 변수는 제거하지 않는다.

② 후진 선택법
- 전체 모형(Full Model)에서 시작하여 F test를 통해 유의하지 않는 변수를 제거하여 모형을 축소(Reduced Model)시키는 방식이다. 한 번 제거된 변수는 추가하지 않는다.

③ 단계적 선택법
- 전진 선택과 후진 선택을 혼합한 방법으로, 전진 선택을 통해 유의한 변수를 포함한 후 다시 후진 선택을 적용하여 비교적 유의하지 않은 변수를 제거한다.

④ 다중 선형회귀 분석의 모형 복잡도 보완 기법

① AIC(Akaike Information Criterion) : 최소의 정보 손실을 갖는 모델을 선택하는 기법
② BIC(Bayes Information Criterion) : 변수가 많을수록 모델에 더 많은 패널티를 가하는 기법

3 정규화된 선형회귀

> 선형회귀는 학습데이터에 과대적합 될 가능성이 있고, 이는 새로운 데이터를 예측할 때 오차를 초래할 수 있다. 모형을 좀 더 안정적으로 제약하기 위해 정규화된 선형회귀를 사용한다.

❶ 라쏘 회귀(Lasso Regression)

- 회귀모형에 '가중치 절대값의 합'을 최소화하는 제약식을 추가한 기법이다. L1 규제 방식이라고 한다.
- 여기서 λ는 하이퍼 파라미터로, λ가 커지면 가중치의 값이 적어지며 이 경우 정규화가 커진다. λ가 0이 되면 정규화가 작아져 기존의 선형회귀와 동일한 모형이 된다.

$$\omega = argmin\left[\sum_{i=1}^{n} e_i^2 + \lambda \sum_{i}^{m} |\omega_j|\right]$$

❷ 릿지 회귀(Ridge Regression)

- 회귀모형에 '가중치들의 제곱합'을 최소화하는 제약식을 추가한 기법이다. L2 규제 방식이라고 한다.
- 릿지 회귀는 라쏘 회귀와 다르게, 중요하지 않은 가중치는 0에 가까워질 뿐 0이 될 수 없다.

$$\omega = argmin\left[\sum_{i=1}^{n} e_i^2 + \lambda \sum_{i}^{m} \omega_j^2\right]$$

❸ 엘라스틱 넷(Elastic net)

- 엘라스틱 넷은 릿지회귀와 라쏘회귀를 결합한 모델이다.

$$\omega = argmin\left[\sum_{i=1}^{n} e_i^2 + \lambda_1 \sum_{i}^{m} |\omega_j| + \lambda_2 \sum_{i}^{m} \omega_j^2\right]$$

4 로지스틱 회귀분석

- 종속변수가 범주형인 경우, 독립변수들의 선형 결합을 이용하여 **발생 가능성 혹은 특정 범주에 속할 확률**을 예측하는데 사용하는 기법이다.

❶ 기본 개념

① 오즈(Odds)
- 승산을 뜻하며, 실패 확률 대비 성공 확률에 대한 척도이다. 오즈는 0에서 무한대 사이의 값을 가진다.

$$\frac{P}{1-P}$$

② 로짓 변환
- 일반적인 선형 회귀 모형의 경우 Y값은 $[-\infty, +\infty]$의 범위를 가진다. 하지만 로지스틱 회귀 모형이 추정하고자 하는 Y값은 특정 범주에 속할 확률이므로, 독립변수들에 의해 추정되는 산출 값이 $[0, 1]$사이의 값이 될 수 있도록, 혹은 0과 1 사이로 산출된 확률을 $[-\infty, +\infty]$로 변환해주는 로짓 변환을 적용하여 회귀 분석을 실행한다.

(가) 일반적인 회귀식은 아래와 같다.

$$Y_i = \beta_0 + \beta_1 x_1 + \varepsilon_i \text{(일반 회귀식)}$$

(나) 로그 오즈(Log Odds) : 계산된 확률 값이 무한대의 값이 되도록 하는 로짓 변환

$$\log \frac{P}{1-P} = \beta_0 + \beta_1 X$$

(다) 시그모이드 함수(Sigmoid) : 계산된 우변의 값이 0과 1 사이의 값이 되도록 하는 로짓 변환

$$P(y=1) = \frac{1}{1 + e^{-(\beta_0 + \beta_1 X)}}$$

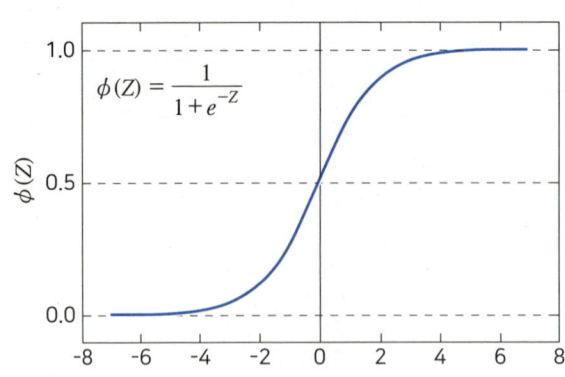

Sector 2　분류 모형

🛠 1　의사결정 나무(Decision Tree)

- Tree 형태의 의사결정 알고리즘을 조합하여 목표 변수에 대한 분류를 수행하는 기법이다.

❶ 기본 개념

① 뿌리마디
② 중간마디
③ 끝마디
④ 자식마디
⑤ 부모마디

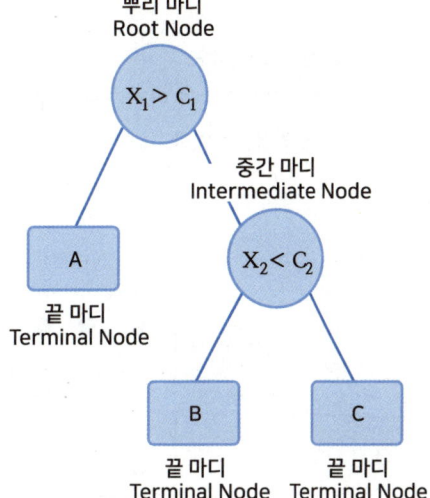

❷ 성장단계

- 의사결정 나무에는 분리 규칙과 정지 규칙의 개념이 있다. 분리규칙을 충족시키면 노드를 계속해서 분할하며 성장하고, 정지규칙을 충족하면 성장을 중단한다. 분리규칙을 설정하는 분리 기준은 아래와 같다.

① 카이제곱 통계량 P-value
- 범주간의 빈도수 차이를 검정하는 통계량을 활용한다. 즉, 두 범주간의 빈도가 차이가 있으면 작은 유의확률을 갖게 되어 분리를 실행한다. 두 범주간의 차이가 없다면 큰 유의확률을 갖게 되어 귀무가설을 기각하지 못한다.

$$1(A) = 1 - \sum_{i=1}^{c} p_i^2$$

② 지니 지수(Gini index)
- 불순도를 측정하는 지표로서, 마디를 분류할 때 지니 지수가 가장 작아지도록 자식 마디를 생성한다.

$$I(A) = 1 - \sum_{i=1}^{c} p_i^2$$

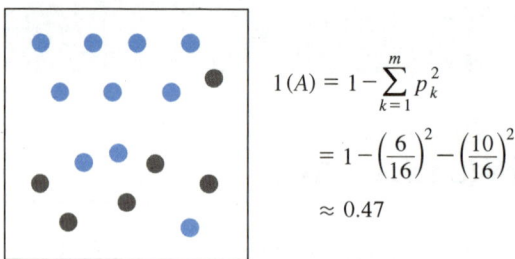

$$I(A) = 1 - \sum_{k=1}^{m} p_k^2$$
$$= 1 - \left(\frac{6}{16}\right)^2 - \left(\frac{10}{16}\right)^2$$
$$\approx 0.47$$

📍 지니 지수 계산 예시(색공 10개, 회색공 6개)

③ 엔트로피 지수
- 지니 지수와 마찬가지로 무질서에 대한 측도 역할을 한다. Log를 취함으로써 정규화의 효과를 얻을 수 있다.

$$Entropy(A) = -\sum_{i=1}^{m} p_k \log_2(p_k)$$

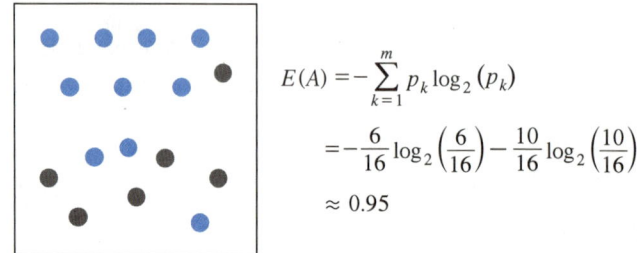

$$E(A) = -\sum_{k=1}^{m} p_k \log_2(p_k)$$
$$= -\frac{6}{16}\log_2\left(\frac{6}{16}\right) - \frac{10}{16}\log_2\left(\frac{10}{16}\right)$$
$$\approx 0.95$$

📍 엔트로피 지수 계산 예시(색공 10개, 회색공 6개)

❸ 가지치기 단계

- 오차를 발생시킬 위험이 있거나, 학습데이터에 과적합 될 위험을 방지하기 위해 진행한다. 모형의 복잡도가 심하면 가지치기를 통해 일반화 효과를 얻을 수 있다.

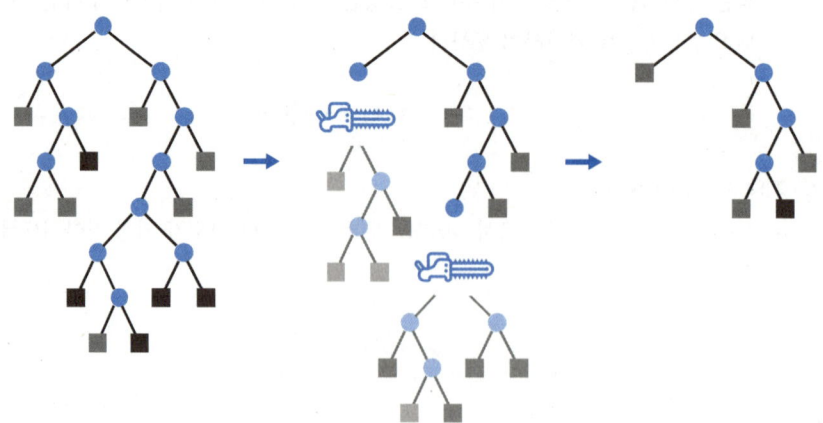

❹ 정보 획득

- 순도가 증가하고 불확실성이 감소하는 것을 '정보 획득'이라고 한다. 사건의 확률이 적을 수록 정보의 가치가 높고, 사건의 확률이 높으면 정보의 가치는 줄어든다.

$$l(x) = \log_2 \frac{1}{p(x)}$$

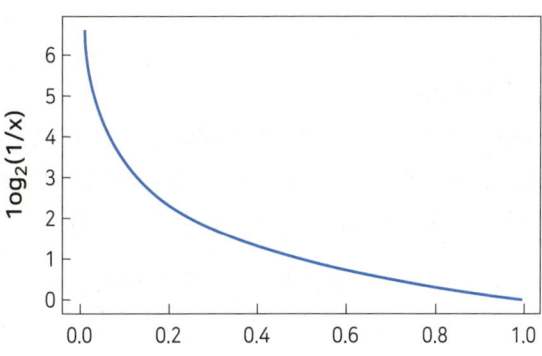

❺ 의사결정 나무 알고리즘

① CART(Classification and Regression Tree)
- 가장 많이 활용되는 알고리즘으로, 출력 변수가 범주형일 경우 지니 지수를, 연속형인 경우 분산을 이용한 이진 분리를 활용한다.

② C4.5와 C5.0
- 범주형/이산형 목표변수에 활용하며, 엔트로피 지수를 활용한다. 범주의 수만큼 분리하는 다지분리(Multiple Split)가 가능하다.

③ CHAID(Chi-squared Automatic Interaction Detection)
- 가장 오래된 알고리즘으로, 카이제곱 검정이나 F 검정을 이용하여 다지분리를 활용한다. P-value가 가장 작은 값을 최적 분리하여 자식마디를 생성한다.

 랜덤 포레스트(Random Forest)모형은 chapter 4에서 다룰 예정입니다.

2. 서포트 벡터 머신(Support Vector Machine)

> SVM이라고 하며, 대표적인 지도학습 기법으로 데이터의 초평면을 찾아내어 회귀나 분류 모형을 생성한다.

❶ 기본 개념

① 벡터(Vector) : 각 데이터 객체
② 초평면(Hyperplane) : 서로 다른 클래스의 데이터 집단을 가장 잘 분류하는 경계 공간
③ 서포트 벡터(Support Vector) : 초평면에 가장 근접한 데이터 객체로, 두 클래스를 구분하는 경계에서 초평면을 지지한다는 의미로 'Support Vector'라고 한다.
④ 마진(Margin) : 서포트 벡터와 초평면 사이의 수직거리로, 마진이 큰 초평면을 찾는 것(최대 마진 초평면)이 SVM의 중요한 목표이다.

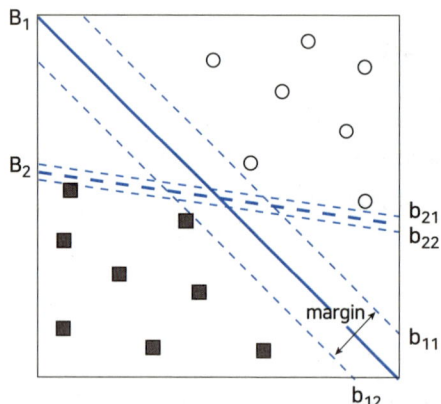

❷ SVM의 원리

- 데이터 공간에서 **분류를 위한 경계를 정의하여**, 새로운 데이터가 입력되면 **어느 경계면에 속하는지 분류한다**. 분류 모형은 가장 큰 폭을 가진 경계선을 찾는 알고리즘이다. 비선형 분류에 사용할 수 있는데, 이 경우 고차원의 공간으로 사상하여 분류하는 커널 트릭을 사용한다.

① 마진의 최대화
- SVM의 목적은 오류율 최소화가 아닌, 마진을 최대화하여 일반화 능력의 극대화를 추구한다. 새로운 데이터를 분류할 때 최대 마진이 오분류를 낮출 수 있다.

② 적절한 마진의 선택
- 실제 데이터는 완전히 구분되지 않은, 상이 클래스 집단에 가까이 위치한 이상치가 존재하게 된다. 마진을 작게 설정하여 오차를 허용하지 않는 것을 하드 마진(Hard Margin), 마진을 크게 설정하지만 오차를 허용한 것을 소프트 마진(Soft Margin)이라고 한다.

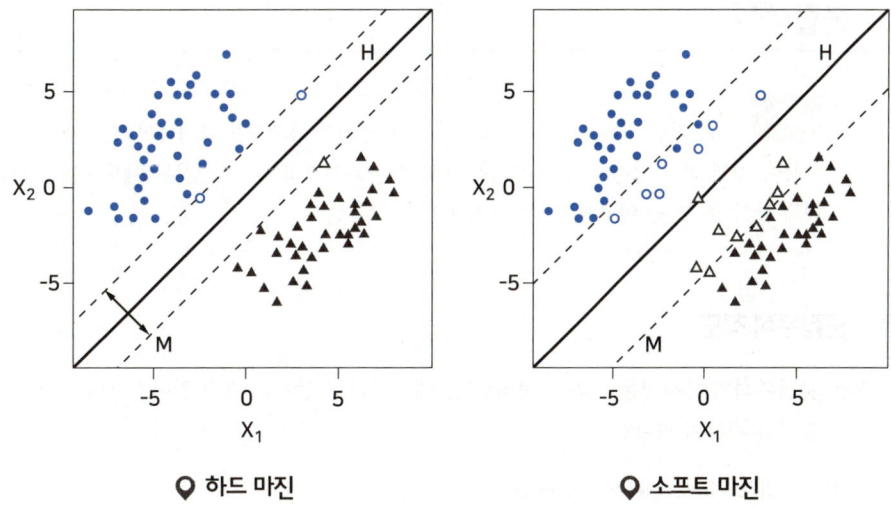

♀ 하드 마진 　　　　　　　　　♀ 소프트 마진

③ 커널(Kernel)
- SVM 모형은 비선형 분류에도 활용할 수가 있는데, 데이터 집합이 비선형 형태로 분류되어 있는 경우 커널(kernel) 함수를 통해 다차원 공간으로 매핑할 수 있다. 매핑(Mapping)된 데이터는 마찬가지로 초평면에 의해 분류된다.

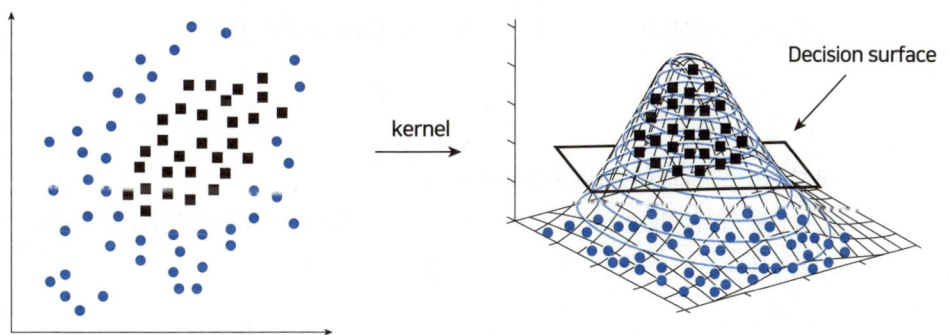

- SVM의 하이퍼 파라미터는 c(오분류 허용도), gamma(데이터가 영향력을 행사하는 범위)로 두 개이다.
- 위와 같이 둥근 비선형 형태의 데이터 집합을 3차원으로 매핑하여, 선이 아닌 평면 결정경계면을 생성하여 데이터를 분류할 수 있다.
- 커널 트릭에는 선형, 다항식, 시그모이드, 가우시안 RBF 등이 있는데 이 중 성능이 좋은 RBF 커널을 많이 사용한다.

3 군집분석

> 대표적인 비지도 학습 기법으로, 데이터 간의 유사성을 측정하여 유사성이 높은 집단을 분류하여 객체 간의 상이성 및 유사성을 이해하는 분석기법이다. 군집분석에도 여러 기법이 있으며, 객체 간의 유사도를 어떻게 정의하는지에 따라 달라진다.

① 군집분석 척도

- 군집분석의 유사성은 거리로 정의된다. 데이터가 가깝거나 멀리 떨어진 것을 통해 동질성 혹은 이질성을 갖는지 판단한다.

① 유클리드 거리(Euclidian Distance)
- 데이터의 거리를 나타내는 대표적인 척도로, 피타고라스 정리를 통해 두 점 사이의 가장 짧은 거리를 구하는 방식이다.

$$d(x, y) = \sqrt{(x_1 - y_1)^2 + \cdots + (x_n - y_n)^2}$$

② 맨하탄 거리(Manhattan Distance)
- 사각형 격자 및 블록으로 이뤄진 지도에서 최단 거리를 구하기 위한 거리이다. 뉴욕 도시에서 건물과 건물 사이의 최단 거리를 구하는 방식에서 유래하였다.

$$d(x, y) = \sum_{i=1}^{n} |x_i - y_i|$$

③ 마할라노비스 거리(Mahalanobis Distance)
- 다변량 데이터의 경우 변수 간의 상관성을 고려하여 거리를 구해야 한다. 통계적으로 변수의 산포를 고려하여, 공분산 행렬 개념을 적용하여 계산한 거리이다.

$$d(x, y) = \sqrt{(A - B)^T S^{-1} (A - B)}$$

② 범주형 데이터의 군집분석 척도

① 자카드 거리(Jaccard Distance)
- 범주형 데이터의 유사도를 측정하는 지표로, 집합 간의 교집합과 합집합의 정도를 비교하여 얼마나 유사한지 나타낸 척도이다

$$Jacard\ Index = \frac{|A \cap B|}{|A \cup B|}$$

② 코사인 유사도(Cosine Similarity)
- 벡터 간의 각도를 이용하여 유사도를 구하는 방식이다. 데이터 공간에서 각 벡터가 갖는 각도(방향)가 유사하면 유사도가 높아진다.

$$Cosine\ Similarity = \frac{A \cdot B}{\|A\|_2 \cdot \|B\|_2}$$

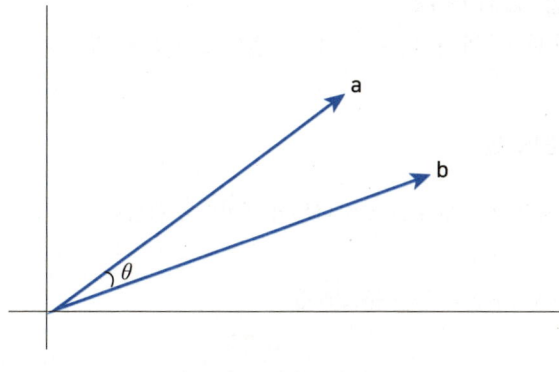

Cosine 유사도 도식

❸ 계층적 군집분석

- 계층화된 구조로 군집을 형성하며 덴드로그램과 같은 결과를 통해 시각화가 가능하다. N개의 군집으로 시작해 점차 개수를 줄이는 **병합 방식**, 하나의 군집으로 시작해 점차 개수를 늘려가는 **분할 방식**이 있다.

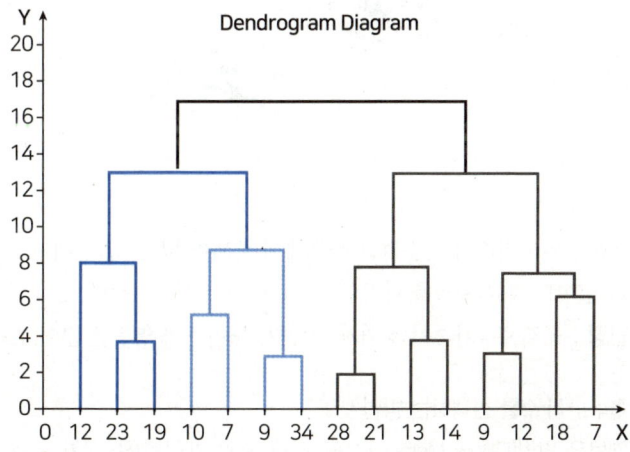

① 최단 연결법
- 거리가 가까운 데이터끼리 묶어서 군집을 형성한다. 군집 간의 최단 거리를 계산하여 가까울 경우 두 군집을 병합한다.

② 최장 연결법
- 군집 간의 거리 또는 데이터 간의 거리를 최장 거리로 계산하는 방식이다. 데이터 거리가 멀면 다른 군집으로 분류한다.

③ 평균 연결법
- 군집 간의 거리 또는 데이터 간의 거리를 평균 거리로 계산하여 연결하는 방식이다.

④ 와드 연결법(Ward Linkage)
- 군집 내 편차들의 제곱합을 고려한 방법으로, 군집 간 정보 손실을 최소화하여 군집을 형성한다.

❹ 비계층적 군집분석

- 사전에 정해진 군집 수로 표본을 나누어 데이터를 할당한다.

① K-means Clustering(K-평균 군집분석)

(가) 군집 원리
- K개의 임의 중심값을 기준으로 가까운 데이터끼리 군집으로 묶이게 된다. 데이터가 묶이면 군집의 중심값을 다시 산출하여 가까운 데이터를 군집으로 편입한다.

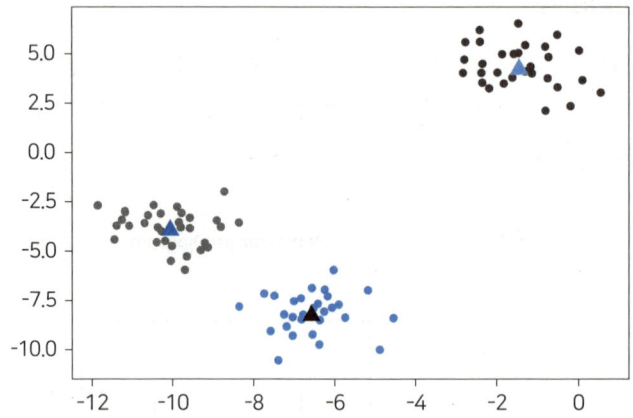

- 장점 : 알고리즘이 단순하고 빠르게 수행되어 많은 양의 데이터를 다룰 수 있다. 사전 정보가 없어도 자료 구조를 파악할 수 있다.
- 단점 : 군집 수, 가중치 정의가 어렵다. 노이즈의 영향을 많이 받는다.

(나) 최적의 군집 수를 선택하는 방법
- 엘보우 방법(Elbow Method) : 군집 내 오차 제곱합(SSE)가 효율적으로 감소하는 군집 개수가 되도록 군집 개수를 정하는 방법이다. 군집 개수에 따른 오차 제곱합을 시각화하여 꺾인 정도가 큰 개수를 고른다고 하여 Elbow 방법이라고 한다.

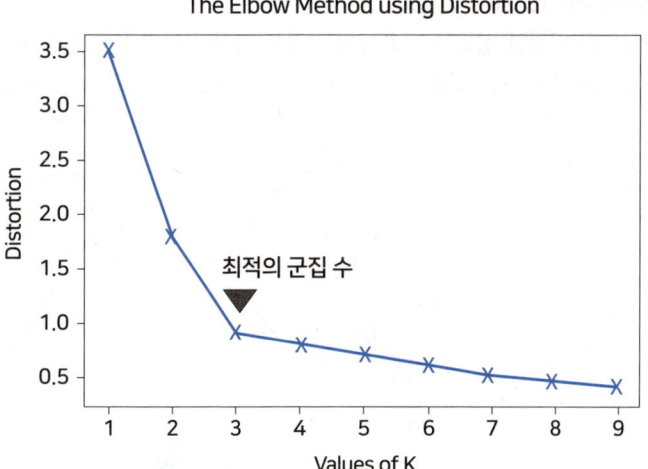

- 실루엣 방법(Silhouette) : 군집이 얼마나 효율적으로 분리되었는지 척도를 기준으로 군집 개수를 정하는 방법이다. 군집 내에서 데이터가 얼마나 뭉쳐 있는지, 군집 간 거리는 얼마나 떨어져 있는지 기준으로 계산한다.

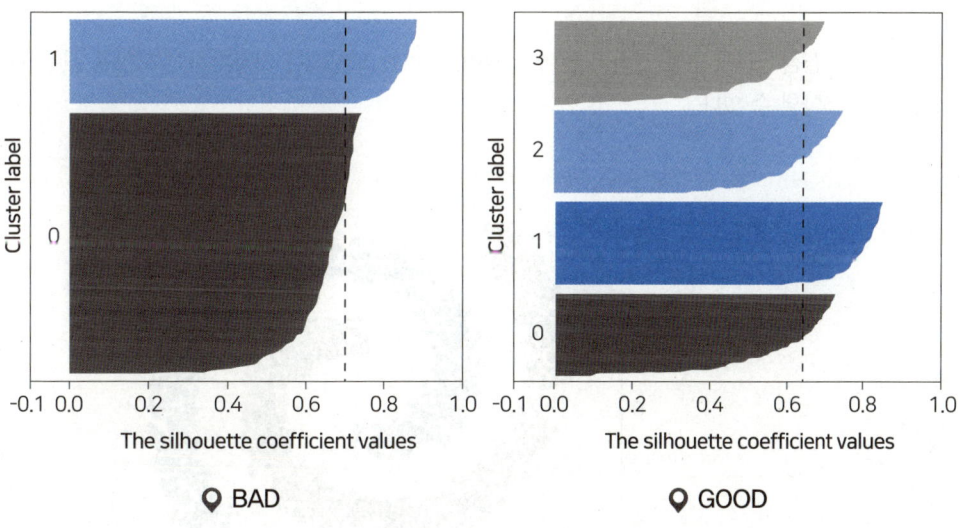

② DBSCAN(밀도기반 클러스터링)
- 데이터의 밀집한 정도를 이용하여 군집을 형성하는 것으로, 일정 반경 내에 n개 이상의 데이터가 존재한다면 그룹화 방식이다. 그룹을 정의하는 최소 개체수 n개(minPts)의 정의가 필요하다.

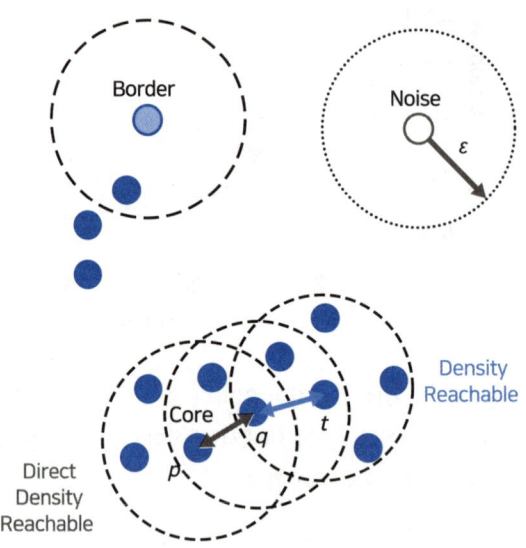

- 장점 : 군집 수를 정하지 않아도 되며, 특이한 모양이나 기하학적인 모양을 갖는 군집도 잘 찾아낼 수 있다.

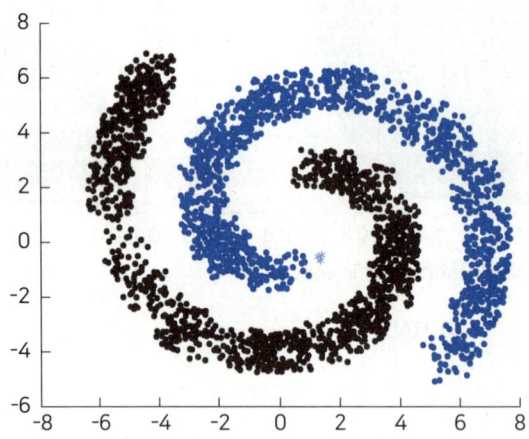

※ 자기조직화 지도 (SOM : Self Organizing Map)
- 차원 축소 기법의 일종이며 고차원의 데이터를 유사도를 보존하여 저차원 격자에 축소시킨다. 차원축소와 군집화를 동시에 수행할 수 있는 특징이 있다.
- 고차원의 데이터를 저차원의 뉴런으로 정리하여, 지도 형태로 형상화 한다. 변수간 위치 관계를 보존하여 실제 공간상에 가까이 있다면 지도 상에서도 가까운 군집으로 묶인다.

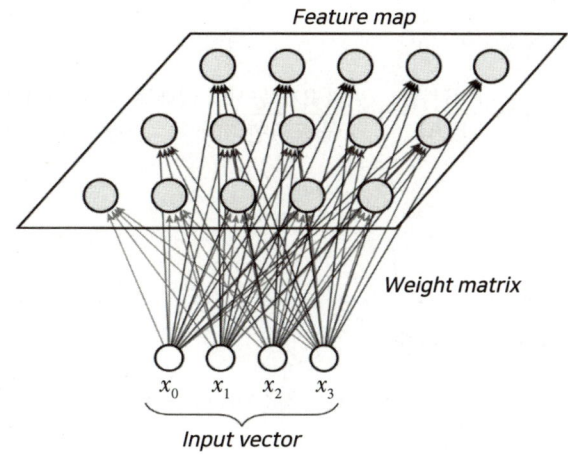

4 연관 분석

- 장바구니 분석으로도 불리며, 탐색적 데이터 분석 기법이다. 컨텐츠 기반 추천, 구매 패턴 파악 등에 활용한다.

고객	Items
A	계란, 우유
B	계란, 맥주, 우유
C	우유, 초콜릿, 콜라, 맥주
D	계란, 콜라, 우유, 기저귀

ex) 우유를 사는 고객의 75%가 계란을 산다. 콜라를 산 사람 중 50%는 기저귀를 산다.

 ① 연관규칙 측도

① 지지도(Support)
- 전체 거래 중 항목 A와 B를 동시에 포함하는 거래의 비율

$$지지도 = P(A \cap B) = \frac{A와 B가 동시에 거래된 수}{전체 거래 수}$$

② 신뢰도(Confidence)
- A항목이 포함된 거래 중 B항목이 같이 포함된 거래의 비율

$$\text{신뢰도} = \frac{P(A \cap B)}{P(A)} = \frac{\text{A와 B가 동시에 거래된 수}}{\text{A를 포함하는 거래수}} = \frac{\text{지지도}}{P(A)}$$

③ 향상도(Lift)
- A가 동시에 구매되지 않은 B의 구매 확률에 비해, A가 구매되었을 때 B의 구매확률의 증가비율이다.

$$\text{향상도} = \frac{P(B|A)}{P(A)} = \frac{\text{A와 B가 동시에 거래된 수} \times \text{전체 거래수}}{\text{A를 포함한 거래수} \times \text{B를 포함한 거래수}} = \frac{\text{신뢰도}}{P(B)}$$

Apriori 알고리즘

대표적인 연관규칙 분석 알고리즘으로, 최소지지도 개념을 적용하여 빈발하는 항목 집합을 분석하는 기법이다.

Chapter 3. 고급 분석 기법

Sector 1 고급 통계 분석

1 범주형 자료분석

- 범주형 자료분석은 분석에 사용되는 변수들이 범주형 혹은 이산형인 경우 사용하는 분석 방법론이다. 설명변수와 종속변수의 종류에 따라 아래와 같이 나눌 수 있다.

독립변수	종속변수	분석 방법
범주형	범주형	● 분할표 분석 ● 카이제곱 검정
	연속형	● T 검정 ● 분산 분석
연속형	범주형	● 로지스틱 회귀

❶ 분할표 분석(Contingency Table)

- 여러 범주형 변수의 빈도를 표 형태로 나타낸 것이다. 행에 설명변수, 열에 반응 변수를 입력하고 이 분할표를 기반으로 통계적 검정을 수행한다.

	BTS	NCT	ITZY
1학년	15	10	8
2학년	6	18	12
3학년	4	5	24
4학년	11	8	11

① 상대 위험도
- 관심 집단의 사건 발생률/비교 집단의 사건 발생률을 의미하여, 여기서 사건발생률을 위험률 이라고 한다. A음식을 즐겨 먹는 사람과 즐겨먹지 않는 사람의 발병 확률의 상대적 위험도 등

을 파악할 때 사용한다.

		발병여부	
		O	×
식습관	A 즐겨 먹음	a	b
	A 즐겨먹지 않음	c	d

$$상대위험도 = \frac{\text{A를 즐겨먹는 환자의 비율}}{\text{A를 즐겨먹지 않는 환자의 비율}} = \frac{\frac{a}{a+b}}{\frac{c}{c+d}}$$

② 오즈비(Odds Ratio)
- 실패확률 대비 성공확률의 비율을 의미한다. 즉 실패확률 대비 성공확률이 얼마인가를 나타낸다. 예를 들어 격투기 선수가 타이틀전 진출에 성공/실패할 확률의 오즈와 오즈비는 다음과 같다.

선수	성공 확률	실패 확률
코너 맥그리거	0.8	0.2
훈쌤	0.1	0.9

Odds(맥그리거) : $0.8/0.2 = 4$

Odds(훈쌤) : $0.1/0.9 = \frac{1}{9}$

Odds Ratio : $\frac{4}{1/9} = 36$

➡ 코너 맥그리거가 타이틀전에 진출 확률은 훈쌤보다 36배 높다.

❷ 교차 분석(카이제곱 검정)

- 범주형인 두 변수의 관계를 분석하는 방법으로, 카이제곱 통계량을 이용한다. 대표적으로 적합성 검정, 독립성 검정, 동일성 검정이 있다.

① 적합성 검정
- 실험에서 얻은 관측 값이 가설과 일치하는지 아닌지 검정하는 방식이다. 관찰 빈도와 기대 빈도를 비교하여, 차이가 클 경우 귀무가설을 기각한다.

H_0 : 실제 분포와 이론적 분포 간에 차이가 없다.
H_1 : 실제 분포와 이론적 분포 간에 차이가 있다.
자유도(df) = $k - 1$ (k는 범주의 개수)

② 독립성 검정
- 두 변수의 사이 관계가 독립인지 아닌지 검정하는 것이다. A변수와 B변수가 독립이면 두 확률의 교집합은 두 확률의 곱으로 나타낼 수 있는 원리를 이용한다.

    H_0 : 두 변수 사이에는 연관이 없다. (독립이다.)
    H_1 : 두 변수 사이에는 연관이 있다. (종속이다.)
    자유도(df) = $(j-1) \times (k-1)$ (A 변수의 범주 개수 j, B 변수의 범주 개수 k)

③ 동질성 검정
- 독립성 검정과 다르게, 변수 간 검정이 아닌 범주 내 수준 간의 동질성을 검정하는 것이다. 예를 들어 남학생과 여학생의 선호도가 같은지를 검정하는 문제가 있다.

    H_0 : A 변수의 수준 x와 y는 동일한 성질을 갖고 있다.
    H_1 : A 변수의 수준 x와 y는 상이한 성질을 갖고 있다.

2 다변량 분석

- 다변량 분석이란 다수의 변수에 대한 다수의 측정치를 동시에 분석하는 통계 기법이다. 실제 정형 데이터 분석 사례는 사실상 전부 다변량 분석의 일종이라고 볼 수 있다.

❶ 다차원 척도법(Multidimensional Scaling : MDS)

- 개체들 간의 거리 또는 비유사성을 사용하여 데이터를 낮은 차원 공간 상에 위치시켜 데이터의 분포나 관계, 구조를 쉽게 파악하기 위한 방법이다.

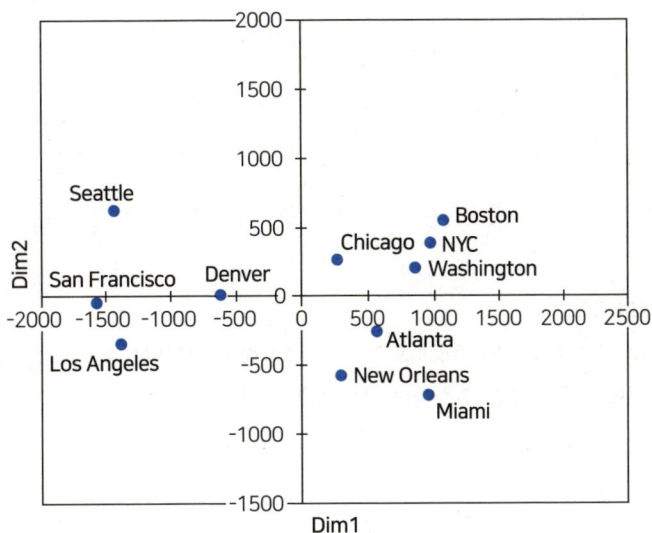

① MDS의 목적
- 데이터를 하위 차원 공간에 표현하고, 데이터의 구조와 패턴을 찾아낸다. 데이터 축소의 효과를 얻을 수 있다.

② 분석 방법
- 개체들의 거리 계산에는 유클리드 거리행렬을 이용한다.

$$d(x, y) = \sqrt{(x_1 - y_1)^2 + \cdots + (x_n - y_n)^2}$$

- 상대적 거리의 정확도를 높이기 위해, '스트레스 값(Stress Value)'을 이용하여 적합도를 측정한다. 0에 가까울수록 좋고, 1에 가까울수록 나쁘다.

③ MDS의 종류
- (가) 계량적 MDS : 데이터가 연속형인 경우, 유클리드 거리 행렬을 이용하여 개체들 간의 비유사성을 공간상에 표현한다.
- (나) 비계량적 MDS : 데이터가 순서척도인 경우, 절대적 거리가 아닌 순서척도 거리를 생성하여 표현한다.

 주성분 분석(PCA : Principle Component Analysis)

- '상관성이 높은 선형 변수들의 결합'을 '주성분'이라는 새로운 변수로 생성하여 차원축소를 하는 개념이다.

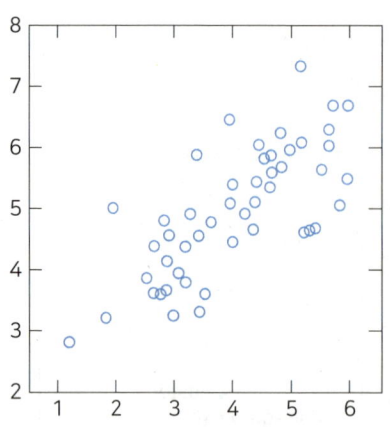 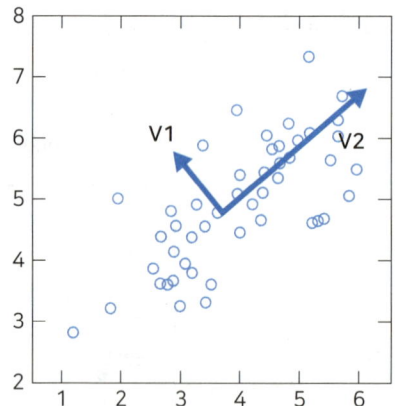

① 주성분의 목적
- 여러 변수를 소수의 주성분으로 차원 축소하여 데이터를 관리하기 쉽게 해준다. 다중공선성이 존재할 경우 변수를 축소하여 모형 성능을 개선할 수 있다.

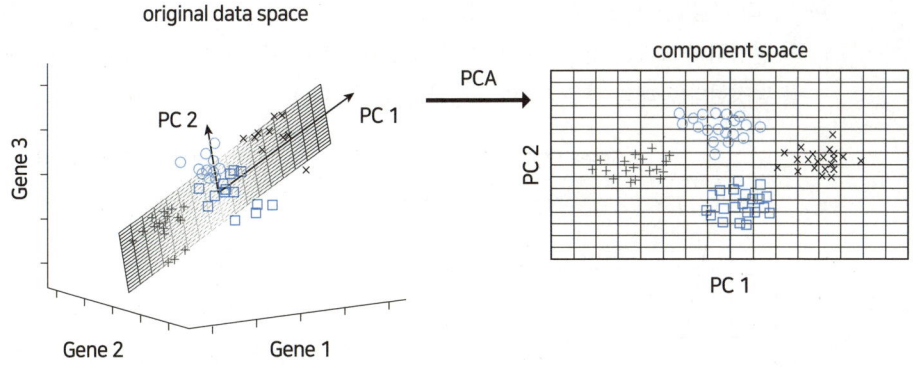

Source : nlpca

② 주성분의 선택 방법

㈎ **고윳값 기여도** : 주성분의 개수에 따라 모형의 변동을 설명할 수 있는 정도가 다르다. 모형에 대한 설명력이 85% 이상인 경우 주성분의 수를 결정한다. 예를 들어 아래 표의 주성분에 따른 누적 분산을 확인하면, 3개의 주성분을 통해 변수의 총 변동 중 86.85%를 설명할 수 있다.

	Eigenvalues of Correlation Matrix			
	Eigenvalue	Difference	Proportion	Cumulative
1	4.11495951	2.87623768	0.5879	0.5879
2	1.23872183	0.51290521	0.1770	0.7648
3	0.72581663	0.40938458	0.1037	0.8685
4	0.31643205	0.05845759	0.0452	0.9137
5	0.25797446	0.03593499	0.0369	0.9506
6	0.22203947	0.09798342	0.0317	0.9823
7	0.12405606		0.0177	1.0000

(나) 스크리 산점도(Scree plot) : 각 주성분의 고유값을 그래프로 나타낸 것으로, 고유값이 크면 모형의 설명력이 크다는 것을 이용한다. 고유값이 급격히 완만해지는 지점을 선택하여 주성분의 수를 결정한다(아래의 경우 4개의 주성분을 선택한다.)

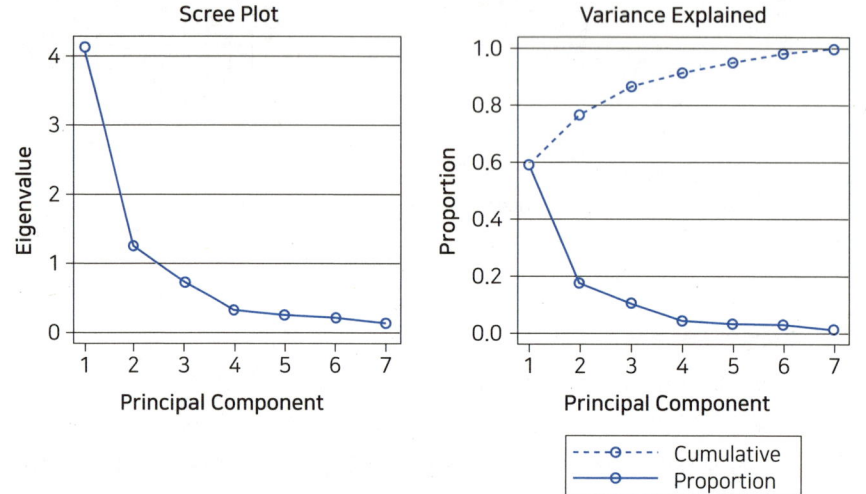

 SOM(Self Organizing Map)

SOM은 차원 축소 기법의 일종이며, 자기조직화지도라고 일컫는다. 고차원의 데이터를 유사도를 보존하여 저차원 격자에 축소시킨다. **차원축소**와 **군집화**를 동시에 수행할 수 있는 특징이 있다.

3 시계열 분석

> 시간의 흐름에 따라 관찰된 자료를 시계열 자료라고 한다. 경향, 주기, 계절성, 정상성 등을 파악하는 분석 기법이다.

❶ 시계열 자료의 성분

① 불규칙 성분 : 시간에 따른 규칙 없이 랜덤하게 변화하는 변동성분이다.

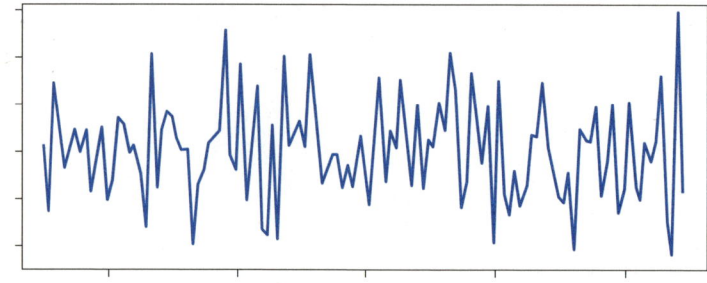

② 체계적 성분 : 시간에 따른 규칙이 존재하는 변동 성분이다.
- 추세 성분

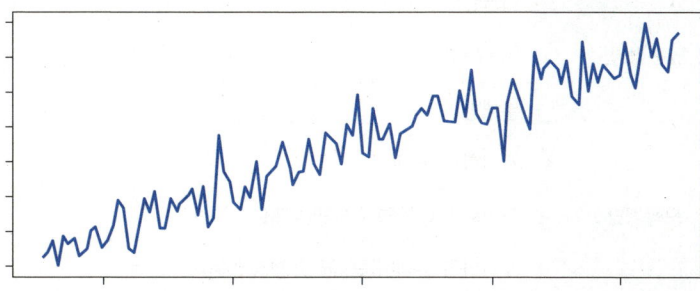

- 계절 성분

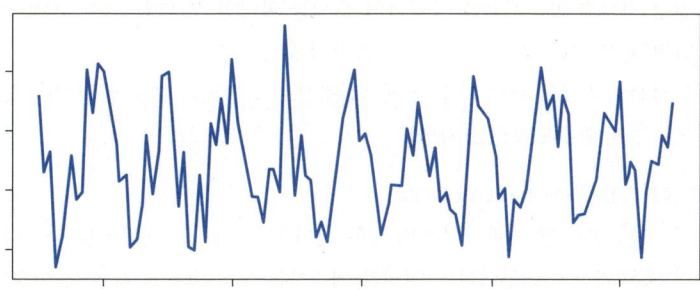

- 복합 성분

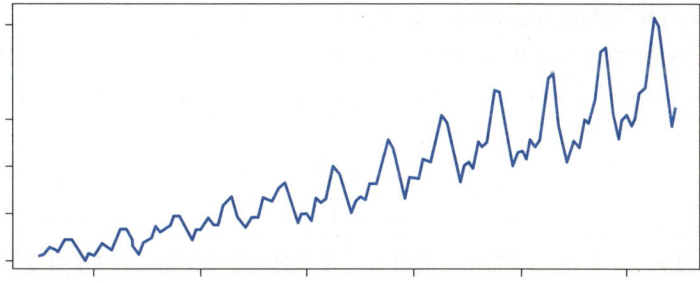

❷ 정상성(Stationarity)

> 정상성이란 시계열 데이터가 평균 또는 분산이 일정한 경우를 말한다. 데이터가 정상성을 가지는 경우 분석이 용이하다.

① 평균이 일정한 경우 : 평균이 일정하지 않다면 '차분'을 통해 정상성을 갖도록 한다.
② 분산이 일정한 경우 : 분산이 일정하지 않다면 '변환'을 통해 정상성을 갖도록 한다.

③ 시계열 분석 방법

단순 방법	이동평균법
	지수평활법
	분해법
모형기반	자기회귀 모형(AR)
	자기회귀 이동평균 모형(ARMA)
	자기회귀 누적이동평균 모형(ARIMA)

① 이동평균 모형(MA : Moving Average)
- 일정 기간별 이동평균을 계산하여 추세를 파악한 후 다음 기간을 예측한다. 간단하고 쉬우며, 안정된 패턴을 보이는 경우 예측 품질이 좋다.
- 현시점의 자료를 유한 개수의 백색잡음으로 표현하기 때문에 언제나 정상성을 포함한다. (백색잡음 : 시계열 모형의 오차항)

② 지수평활법(Exponential Smoothing)
- 이동평균법과 달리 관찰기간의 제한 없이 모든 시계열 데이터를 사용하며, 최근 시계열 자료에 더 많은 가중치를 부여하여 미래를 예측하는 방식이다. 중기 예측 이상에 주로 사용한다.
- 단기간에 발생하는 불규칙 변동을 평활하는데 주로 사용하며, 계절성이 포함된 데이터에 부적합하다.

③ 자기회귀 모형(AR : Autoregressive Model)
- P시점 전의 자료가 현재의 자료에 영향을 주는 것을 '자기 상관성'이라고 한다. 자기 상관함수란 시계열 자료의 자기 상관성을 파악하기 위한 함수다.

$$Z_t = \Phi_1 Z_{t-1} - \Phi_2 Z_{t-2} + \cdots + \Phi_p Z_{t-p} + \alpha_t$$

 자기 상관 : 시계열의 특정 시차 값 사이의 상관관계(선형관계)를 분석하는 개념이다.

④ 자기회귀 누적이동평균 모형(ARIMA : Autoregressive Integrated MA)
- 자기회귀와 이동평균을 모두 고려하는 모형으로 과거 값과 예측 오차를 통해 현재 값을 설명한다. 차수 p, d, q의 값에 따라 모형의 이름이 다르다.

    $p = 0$일 때 : IMA(d, q) 모형이라고 부르며, d번 차분하면 MA(q) 모형이 된다.
    $d = 0$일 때 : ARMA(p, q) 모형이라고 부르며, 정상성을 만족한다.
    $q = 0$일 때 : ARI(p, d) 모형이라고 부르며, d번 차분하면 AR(p) 모형이 된다.

⑤ 분해 시계열
- 시계열 자료의 체계적 성분과 불규칙적 성분을 분리하여 활용하는 기법이다. 시계열 자료의 분

해된 성분별로 해석하는 것이 목적이다.

$$Z_t = f(T_t, S_t, C_t, I_t)$$

T : 경향 추세 요인, S : 계절 요인, C : 순환 요인, I : 불규칙 요인

4 베이지안 통계(Bayesian Statistics)

> 베이즈 추론은 사전 확률과 추가적인 정보를 통해 사후확률을 추론하는 기법이다.

❶ 베이즈 추론

① 조건부 확률
- 어떠한 사건 A가 발생하였을 때, B가 발생할 확률은 아래와 같다. 여기서 P(A)는 사전 확률이다.

$$P(B \mid A) = \frac{P(A \cap B)}{P(A)}$$

이 경우의 사후 확률은 아래와 같다.

$$P(A \mid B) = \frac{P(A \cap B)}{P(B)} = \frac{P(B \mid A)P(A)}{P(B)}$$

② 베이즈 정리
- 베이즈 정리란 사전확률에 대한 가능성과 사후확률의 가능성 사이의 관계를 규명하는 확률이론이다.

$$P(A_i \mid B) = \frac{P(A_i \cap B)}{P(B)} = \frac{P(A_i \cap B)}{\sum P(A_i \cap B)} = \frac{P(A_i)P(B \mid A_i)}{\sum P(A_i)P(B \mid A_i)}$$

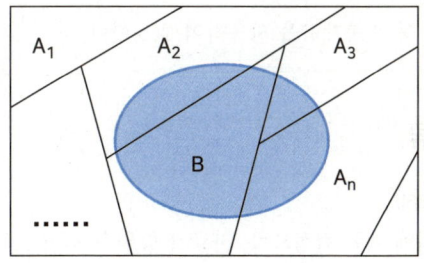

$P(B) = P(A_1 \cap B) + P(A_2 \cap B) + \cdots + P(A_n \cap B)$
$P(A \cap B) = P(A)P(B \mid A)$
$P(A_i \mid B) = \dfrac{P(A_i)P(B \mid A_i)}{\sum P(A_i)P(B \mid A_i)}$

❷ 나이브 베이즈 분류기

- 베이즈 정리를 이용한 분류 모형으로, 서로 독립인 사전 정보와 데이터로 특정 클래스에 속할 확률을 구하는 알고리즘이다.
  - ex A 정보: 노란색, B 정보 : 둥글다, C 정보 : 지름이 10cm 이상인 특성은 분류기를 통해 호박으로 분류하게 되며, 위 세 가지 정보는 서로 독립이다.

① 나이브 베이즈 분류기 생성
  - (개) 조건부 확률 모형을 만들어 독립변수의 확률적 결과를 다음과 같이 계산할 수 있다.

$$P(C_K | X) = P(C_k | x_1, x_2, \cdots, x_n)$$

  - (내) 위 확률 값이 최대값을 가지는 K를 찾는 것이 목적이다.

② 나이브 베이즈의 장점
  - (개) 간단한 구조와 단순한 가정에도 불구하고 복잡한 상황에 좋은 성능을 보인다. 지도학습 환경에서 효율적으로 훈련될 수 있다.
  - (내) 트레이닝 데이터의 양이 적어도 파라미터를 충분히 추정할 수 있다.

5 비모수 통계

> 비모수 통계란 비모수적인 접근으로 통계적인 분석을 하는 방법이다. 모수에 대한 가정이 없고, 모집단의 형태와 관계없이 주어진 데이터를 통해 통계학적인 검정을 진행한다.

❶ 비모수 통계 특징

- 모집단이 정규분포가 아닐 때, 모집단 분포에 대한 가정을 할 수 없을 때, 자료의 표본이 적을 때 사용한다. 통계적 가정의 불만족에 대한 오류가 적다
- 빈도, 부호, 순위 등의 통계량을 사용하여 검정한다.

❷ 비모수 검정의 종류

① 부호 검정(Sign Test)
  - 중위수의 위치에 대한 검정으로, 자료가 중위수에 비해 +인지 −인지를 활용하여, 중위수가 특정 x 값보다 작거나 큰지 검정하는 방식이다.

  귀무가설 H_0 : 중위수는 27이다.
  대립가설 H_1 : 중위수는 27보다 작다.

② 윌콕슨(Wilcoxon) 부호 순위 검정
- 두 표본 간의 중위수가 차이가 있는지 검정하는 기법으로, 각 쌍의 차이값 부호와 크기에 대한 정보로 분포를 비교한다.

  귀무가설 H_0 : 두 표본의 중위수는 동일하다.
  대립가설 H_1 : 두 표본의 중위수는 동일하지 않다.

③ 맨 휘트니(Mann–Whitney) 검정
- 윌콕슨 순위합 검정이라고도 하며, 두 집단의 각 수들의 순위합을 비교하여 두 집단의 분포가 같은지를 검정하는 방식이다. 두 집단을 통합하여 순위를 매긴 뒤, 각 집단이 가진 순위합이 동일하면 표본의 분포가 동일하다고 판단한다.

  귀무가설 H_0 : 두 표본의 순위합은 동일하다. (동일한 분포이다.)
  대립가설 H_1 : 두 표본의 순위합은 동일하지 않다. (분포가 다르다.)

④ 크루스칼–왈리스(Kruscal–Wallis) 검정
- 3개 이상 집단의 중앙값 차이를 검정하여 각 분포가 동일한지 검정하는 방식이다. 전체 집단을 통합하여 순위를 매긴 뒤, 각 그룹의 순위 합과 평균 순위, 총 평균 순위를 계산하여 검정한다.

  귀무가설 H_0 : 각 그룹 간의 중위수가 같다. (모든 분포가 동일하다.)
  대립가설 H_1 : 적어도 1개의 그룹은 중위수가 다르다. (모든 분포가 같지는 않다.)

⑤ 런(Run) 검정
- 표본이 임의적으로 측정된 것인지 혹은 임의적으로 측정되지 않은(표본이 독립이 아닌) 표본인지 검정하는 방식이다. '런'이라는 관측치 덩어리를 이용하여 랜덤하게 관측되었는지, 아닌지를 검정한다.
- A, A, B, B, A, B, B, B, A 인 경우, 런의 개수는 5개이며, AA/BB/A/BBB/A의 덩어리로 구성된다. (자료가 이분화 되지 않은 경우 이분화한다.)

  귀무가설 H_0 : 연속된 측정값들이 임의적이다. (랜덤이다.)
  대립가설 H_1 : 연속된 측정값들이 임의적이지 않다. (랜덤이 아니다.)

📍 표본의 종류에 따른 비모수 검정 기법 적용

표본 종류		모수 검정	비모수 검정
단일표본		단일표본 T 검정	콜모그로프(Kormogorov) 검정
2개 집단	대응표본	대응표본 T 검정	윌콕슨(Wilcoxon) 부호순위 검정
	독립표본	독립표본 T 검정	맨 휘트니(Mann–Whitney) 검정
3개 이상 집단	대응표본	반복측정 분산분석	프리드먼(Friedman) 검정
	독립표본	일원배치 분산분석	크루스칼 왈리스(Kruscal–Walis) 검정

6 텍스트 마이닝

> 텍스트 마이닝이란 대표적인 비정형 데이터 분석기법으로, 인터넷 및 소셜 미디어 데이터로부터 얻은 자연어 텍스트 속에서 정보나 관계를 분석하는 기법이다

❶ 텍스트 마이닝 과정

❷ 텍스트 전처리 및 분석 기법

- 토큰화 (Tokenization) : 주어진 코퍼스(Corpus) 데이터에서 '토큰'이라고 하는 단위로 데이터를 분할하는 작업이다. 주로 어절, 형태소, 음절 등을 토큰 단위로 정의한다.
- 품사 태깅(Pos-tagging) : 단어의 의미를 제대로 파악하기 위해 단어의 품사를 구분하는 작업이다.
- 정제와 정규화(Cleansing and Normalization) : 정제는 코퍼스 데이터로부터 노이즈를 제거하는 것이고, 정규화는 표현이 다른 단어를 통합시켜 같은 단어로 만들어주는 것이다.
- 어간추출(Stemming) : 어간 추출은 정해진 규칙으로 단어를 어림짐작하여 자르는 작업으로, 섬세함이 떨어지는 작업이다. 예를 들어 having에서 hav를 추출한다.
- 표제어 추출(Lemmatization) : 어근 추출이라고도 하며, 문법적인 요소와 단어의 의미를 고려하여, 단어의 뿌리가 되는 '기본형 단어'를 추출하는 작업이다. 예를 들어 am, are, is 단어로부터 'be'를 추출한다.
- 원핫 인코딩(One-Hot Encoding) : 텍스트 내 N개의 단어를 각 N차원의 벡터로 표현하는 작업이다. 이렇게 표현된 벡터를 '원-핫 벡터'라고 한다.
- 말뭉치(Bag of Word) : 문장 내 단어의 횟수나 등장 빈도를 집계하는 작업이다. 순서를 고려하지 않고 출현 빈도(Frequency)에 집중한다.
- N-gram : 문서 내에 등장하는 연속적인 n개의 토큰을 추출하는 작업이다. 단어의 순서를 무시하는 Bag of Word의 단점을 보완하였다.
- TF-IDF(Term Frequency, Inverse Document Frequency) : 각 단어마다 중요도 가중치를 부과하는 작업이다. 단어의 빈도와 역 문서의 빈도를 사용하며, 문서의 유사도나 검색 결과의 중요도, 특정 단어의 중요도 계산에 사용한다.
- 워드 임베딩(Word Embedding) : 단어를 벡터로 표현하는 작업이다. 표현 방식을 희소 표현(Sparse Representation)에서 밀집 벡터(Dense Vector)로 변환한다. 대표적으로 Word2vec 기법이 있다.
- 토픽 모델링(Topic Modeling) : 문서가 가진 여러 가지 추상적인 토픽, 주제를 분석하는 작업이며, 텍스트의 숨겨진 의미구조나 패턴을 활용한다. 대표적으로 LDA(Latent Dirichlet Allocation) 기법이 있다.

Sector 2 딥러닝(Deep Learning)

1 딥러닝 개요

- 딥러닝은 인공신경망에 기반을 둔 머신러닝의 종류로, 인간의 사고방식을 모방하여 컴퓨터를 학습시키는 방법이다. 비정형데이터에 특히 활용도가 높으며, '인지' 측면에서 강력한 성능을 보여 인공지능의 다양한 분야에서 활용되고 있다.

2 인공신경망(ANN : Artificial Neural Network)

- 인간의 뇌신경망을 모방한 기술로, 뉴런과 시냅스로 연결된 네트워크를 기계학습에 적용한 기법이다.

❶ 인공신경망 개요

① 퍼셉트론(Perceptron)
- 입력층, 은닉층, 출력층으로 구성된 세포 단위의 인공신경망 모델이다.

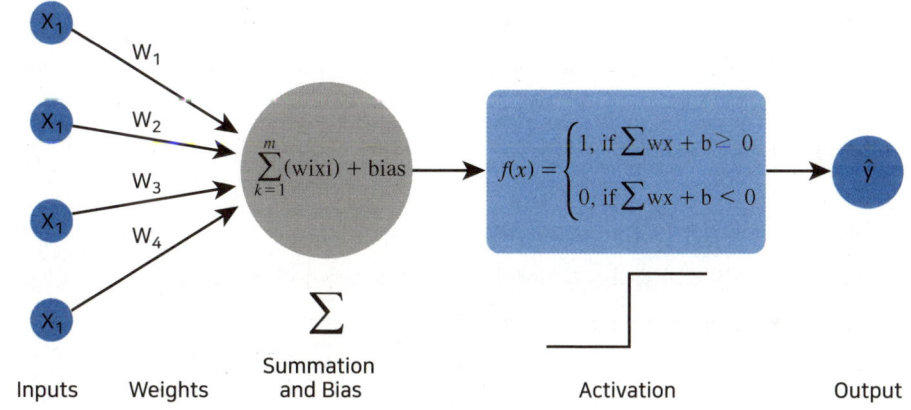

Inputs Weights Summation and Bias Activation Output

- 퍼셉트론 인공신경망 계산 요소는 입력값, 가중치, 뉴런(입력함수), 활성함수, 출력값으로 이루어져 있다.
- 학습과정
  - (가) 입력값과 가중치는 뉴런(입력함수)에서 총 계산된다.
  - (나) 총 계산된 입력함수 값은 활성함수의 임계값을 통해 계산되며, 활성함수로 계산된 결과 값이 Output으로 출력된다.
  - (다) 분류된 예측값이 실제와 다른 경우 가중치를 수정하여 반복 학습한다.

② 다층 퍼셉트론(다층 신경망)

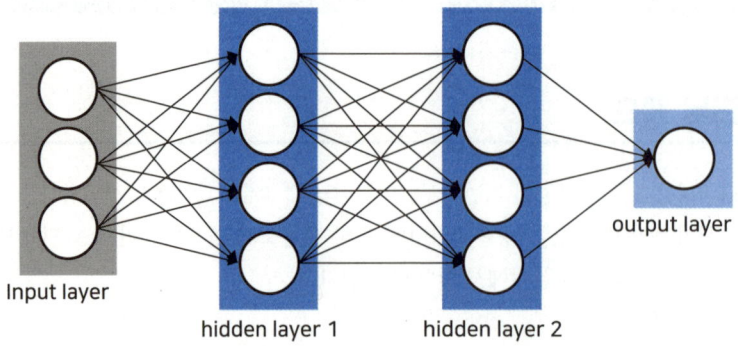

- 입력층과 출력층 사이에 하나 이상의 은닉층을 두어, '역전파 알고리즘'을 통해 비선형 문제도 해결할 수 있도록 하였다. 활성화 함수는 시그모이드 함수를 사용한다.
- 다중 퍼셉트론의 문제점
  - (가) 사라지는 경사도(Vanishing Gradient) : 신경망 층수를 늘릴수록 활성화 함수(ex 시그모이드 함수)의 편미분 값이 0으로 근접해져 데이터가 소실되는 문제
  - (나) 과대 적합(Over fitting) : 학습데이터를 지나치게 학습하는 경우, 실제 추론 문제를 잘 추론하지 못하였으나, 빅데이터 시대가 열리면서 해결됨

❷ 인공신경망의 주요 개념

① 노드 : 뉴런, 가중치, 입력값으로 활성함수를 통해 다음 노드로 전달한다.
② 가중치 : 신경계 시냅스와 같으며, 노드와의 연결계수로 이전 입력값을 다음 Layer로 넘길 때 계산에 활용한다.
③ 활성화 함수 : 임계값을 활용하여 각기 다른 활성 함수를 적용하고, 계산된 값을 출력층으로 넘겨준다.
④ 입력층 : 학습을 위한 데이터를 입력한다.
⑤ 은닉층 : 입력층과 출력층 사이에서 데이터를 전파하여 학습한다.
⑥ 출력층 : 결과값을 출력하는 Layer이다.

❸ 학습 알고리즘

① 미니 배치 : 데이터 중 일부를 선택하여 덩어리로 만들어, 학습의 데이터로 활용한다. 미니 배치를 통해 손실함수를 줄이는 것을 학습 목표로 한다.
② 기울기 산출 : 가중치 매개변수의 기울기를 미분으로 구하고, 경사법을 통해 손실함수의 최소값을 찾아간다. 경사 하강법(Gradient Descent), 경사 상승법(Gradient Ascent), 확률적 경사 하강법(SGD : Stochastic Gradient Descent) 등이 있다.

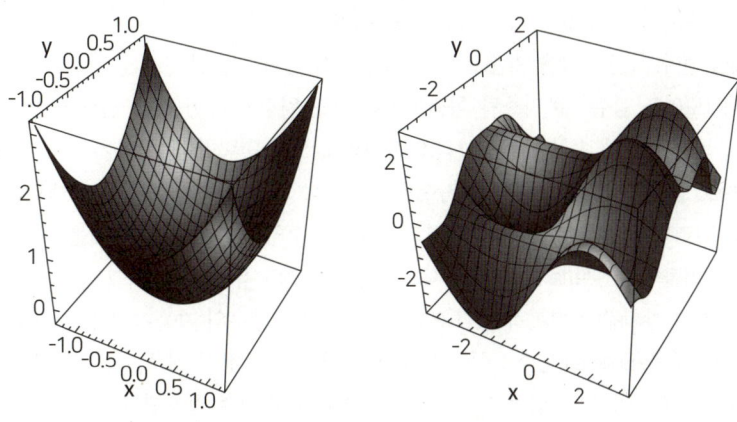

③ 오차 역전파(Back Propagation) : 가중치 매개변수 오차를 출력층에서 입력층으로 역방향 전파하여, 가중치와 편향을 업데이트하는 방식이다. 손실함수의 최소값을 구하기 위해 미분을 하는 과정을 효율적으로 해결할 수 있다.

④ 매개변수 갱신 : 전파된 오차(또는 손실함수)가 최소가 되는 방향으로 매개변수를 업데이트하여 최적 가중치를 학습한다. 매개변수가 지나치게 튜닝 되어 과대적합 되지 않도록 주의한다.

 4 활성화 함수(Activation Function)

- 입력신호의 총합을 출력신호로 변환하는 함수로, 입력신호의 총합된 값이 활성화를 일으키는지 아닌지 결정한다. 대표적으로 시그모이드(Sigmoid), ReLU 함수 등이 있다.

Activation function	Equation	Graph
Sigmoid	$S(x) = \dfrac{1}{1+e^{-x}}$	
Tanh	$\tanh x = \dfrac{e^x - e^{-x}}{e^x + e^{-x}}$	
ReLU	$RELU(x) = \begin{cases} 0 \text{ if } x < 0 \\ x \text{ if } x >= 0 \end{cases}$	
Leaky ReLU	$f(x) = \begin{cases} x & \text{if } x > 0 \\ 0.01x & \text{otherwise} \end{cases}$	

① 계단 함수 : 임계 값을 기준으로 0 또는 1을 반환하는 함수
② 부호 함수 : 임계 값을 기준으로 -1 또는 1을 반환하는 함수
③ 시그모이드 함수 : 로지스틱 회귀모형과 작동 원리가 유사하다. 입력 함수 값에 따라 이진 분류에서 특정 범주에 속할 확률을 1과 0 사이의 값으로 출력한다. 기울기 소실 문제가 있다.
④ ReLU 함수 : 입력값이 0보다 작으면 0, 0보다 크면 입력함수 값을 그대로 반환하는 함수이다. 최근 딥러닝에서 많이 사용한다. 시그모이드 함수의 기울기 소실 문제를 해결하였다.
⑤ 하이퍼볼릭 탄젠트(tanh) 함수 : 시그모이드 함수와 유사하나, 시그모이드 함수와 달리 0을 중심으로 하여 반환값의 변화폭이 더 크다. 시그모이드 함수의 기울기 소실 문제를 해결하였다.
⑥ 소프트맥스(Softmax)함수 : 목표치가 여러 개의 범주형인 경우, 각 범주에 속할 확률을 반환한다. 출력된 각 확률의 총합은 1이다. 다범주 분류에서 자주 활용된다.

> **기울기 소실(Gradient Vanishing)**
>
> 인공신경망 학습의 역전파 과정에서 입력층으로 갈수록 기울기(Gradient)가 점차적으로 감소하는 현상이 발생한다. 이 경우 기울기의 감소로 가중치 업데이트가 제대로 되지 않는 현상을 말한다.

3 합성곱 신경망(CNN : Convolutional Neural Network)

> 사람의 시신경 구조를 모방한 신경망 모형으로, 데이터로부터 특징을 추출하여 분류 및 인지하는 작업을 수행한다. 대표적인 이미지 딥러닝 기법이다.

❶ CNN 알고리즘 구조

- 이미지 픽셀을 그대로 입력 받는 것이 아니라, Convolution(합성곱)이라는 필터 과정을 추가하여 이미지의 특징을 추출하는 것이다. 여기서 추출된 Feature Map을 신경망에 적용하여 분류 작업을 수행한다.

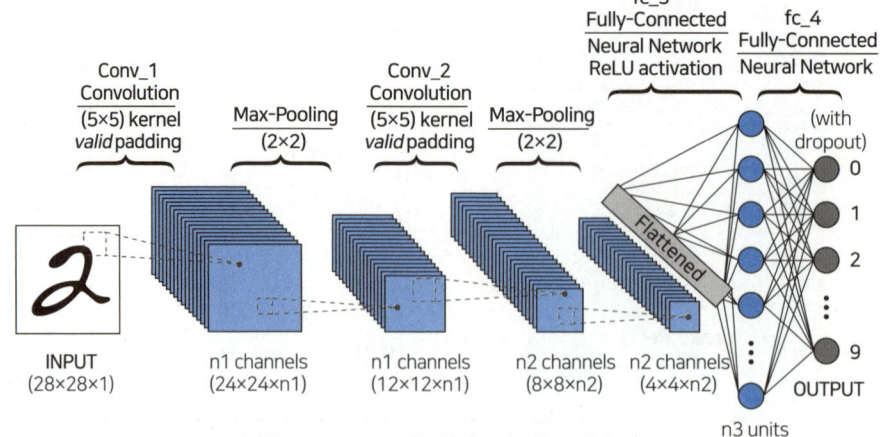

A CNN sequence to classify handwritten digits

합성곱(Convolution) 계층과 풀링(Pooling) 계층 생성 과정

① Feature 추출 과정
- Input Data와 Filter의 곱을 통해 Feature를 추출한다. 추출된 Feature Map의 크기를 구하는 공식은 아래와 같다.

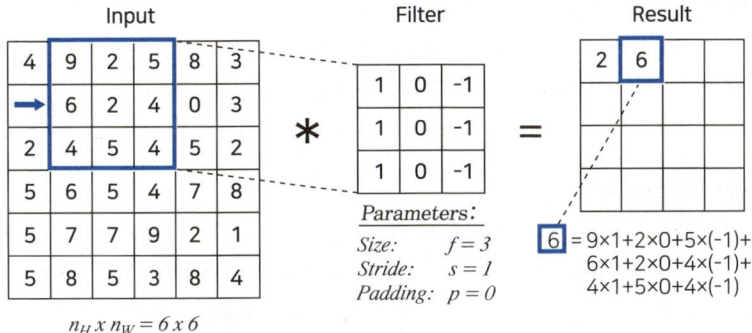

② Feature Map 형성 과정
- 위의 과정을 Stride 단위로 옮겨가며 반복한다. 반복되어 추출된 Feature를 모아 Feature Map을 만든다. 이는 필터의 개수에 따라 다시 반복되며 필터의 개수를 채널이라고 한다.

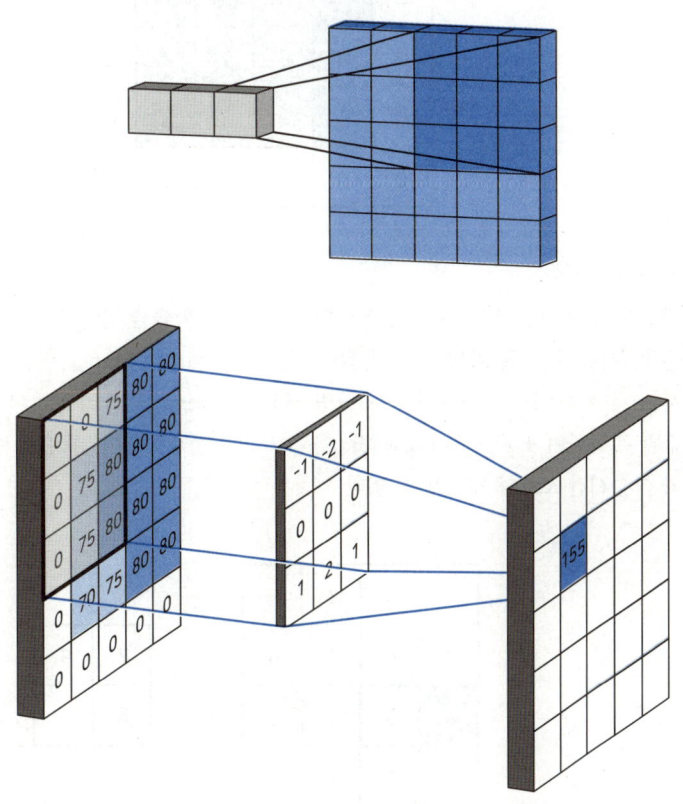

Feature Map 크기 계산 공식

$$\text{Feture Map N} = \frac{(\text{Input N} + 2 \times \text{Padding Size} - \text{Filter N})}{\text{Strid 크기}} + 1$$

- ex 위의 ①번 항목의 경우, Input N은 6, padding size는 0, Filter N은 3, Stride는 1이므로 (6 + 2 × 0 − 3)/1 + 1로 계산되어 Feature Map의 한 변은 4가 된다.
- ex 아래 ②번 항목의 경우, Input N은 5, Padding size는 1, Filter N은 3, Stride는 1이므로 (5 + 2 × 1 − 3)/1 + 1로 계산되어 Feature Map의 한 변은 5가 된다.

③ 패딩(Padding)과정
- 위 Convolution 과정을 거치게 되면, 데이터의 특징만 추출되었기 때문에 Feature Map의 차원이 입력 데이터보다 작아집니다. 만약 이 경우를 반복할 경우, 데이터가 0이 되어 사라질 위험이 있어 데이터 주변을 0으로 채워주는 패딩 과정을 추가한다.

0	0	0	0	0	0
0	35	19	25	6	0
0	13	22	16	53	0
0	4	3	7	10	0
0	9	8	1	3	0
0	0	0	0	0	0

④ 풀링(Pooling) 과정
- 합성곱 연산 이후, 데이터 공간을 줄여 주기 위해 (학습을 일반화하기 위해) 수행하는 과정으로 최대 풀링, 평균 풀링 방법 등이 있다. 풀링은 Feature Map을 다운샘플링(Down Sampling) 하는 것으로, 아래 예시에선 최대 풀링(Max Pooling)기법을 수행하여 4개 Feature 값 중 최대값만 추출하여 4 × 4 Feature Map을 2 × 2로 풀링하였다. 풀링을 수행할 경우 과적합 문제와 학습시간 소요를 개선할 수 있다.

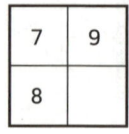

4 순환 신경망(RNN : Recurrent Neural Network)

- 음성 데이터, 시계열 데이터, 혹은 순차적으로 이루어진 데이터를 학습하기 위해 재귀적인 신경망을 사용한 모형이다.

❶ RNN 개요

- 내부 순환 구조로 이루어져 있으며, 시간 기반의 오차역전파인 BPTT(Back Propagation Through Time)을 사용한다. 또한 오차 함수의 계산을 위해 확률적 경사 하강법(SGD)을 사용한다.

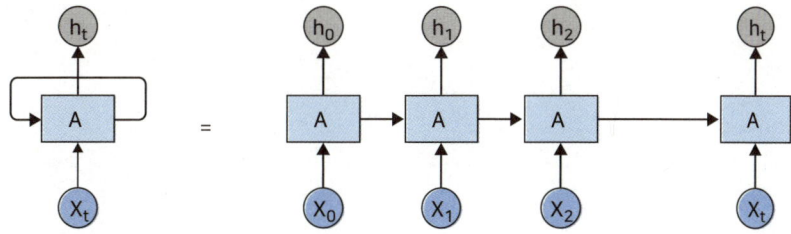

- 여기서 중간층(은닉층) A는 바로 이전 은닉층의 활성화 함수 출력 값을 저장하여 다음 시점의 은닉층에 전달하는 역할을 한다. 여기서 다음 시점 t+1에의 자신에게 보내는 값을 '은닉 상태'라고 한다. 이는 $t+1$ 시점의 입력값으로 활용된다. 활성화 함수로 tanh를 활용한다.

❷ RNN의 문제점

- RNN 또한 기울기 소실 문제가 있으며, 특징적으로 장기 의존성 문제가 있다.
- 장기 의존성 문제 : 현재 노드와 먼 과거 상태의 데이터는 계산이 고려되지 않는다. 이는 번역과 같은 문맥 처리에서 학습을 어렵게 한다.

❸ LSTM(Long Short-Term Memory)

- 먼 과거 데이터도 학습에 잘 반영될 수 있도록, 장기 의존성 문제를 해결한 것이 LSTM 모형이다.
- RNN과 달리 Cell State라는 메모리를 기억하는 셀을 구성하여, 과거 정보를 얼마나 망각할지 혹은 현재 정보를 얼마나 반영할지를 결정한다.

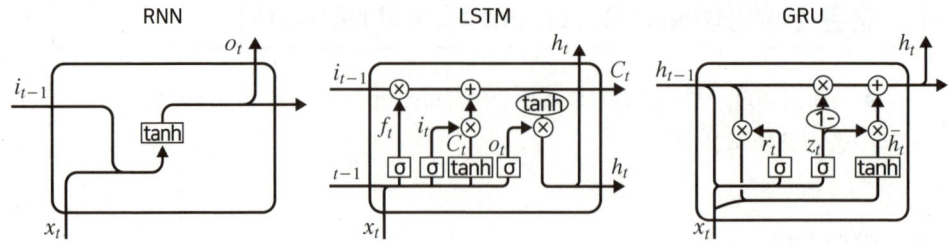

- GRU는 LSTM 구조를 단순화한 모형으로 성능은 유사하다.

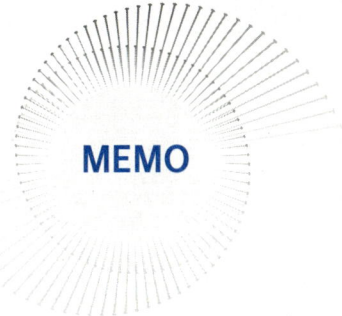

최단기 빅데이터 분석기사

PART 4

빅데이터 분석 결과 해석

CHAPTER 1 분석 모형 평가 개선

CHAPTER 2 분석 결과 해석 및 활용

Chapter 1 분석 모형 평가 개선

Sector 1 분석 모형 평가

1 평가 지표

❶ 분류 모형 평가지표

- 분류 모형은 오차행렬(혼동행렬 : Confusion Matrix)을 기반으로 평가한다.

		실제 정답	
		TRUE	FALSE
분류	TRUE	TP : True Positive	FP : False Positive
결과	FALSE	FN : False Negative	TN : True Negative

 오차행렬

훈련을 통한 예측 값과 실제 값을 비교하기 위한 표이다. 예측분류 축과 실제 정답 축이 바뀌어 출제될 수 있으므로 주의한다.

① 정확도(Accuracy) : 실제 데이터와 예측 데이터 간의 총 적중률을 판단한다.

$$Accuracy = \frac{TP+TN}{TP+FP+TN+FN}$$

② 오류율(Error Rate) : 실제 데이터와 예측 데이터의 총 오류율을 판단한다. (1 − 정확도)

$$Error\ Rate = \frac{FP+FN}{TP+FP+TN+FN}$$

③ 정밀도(Precision) : Positive로 예측한 대상 중 실제값과 일치하는 비율이다.

$$Precision = \frac{TP}{TP+FP}$$

④ 민감도(Sensitivity, 재현율 : Recall) : 실제 Positive인 대상 중 예측값과 일치하는 비율이다.

$$Sensitivity(Recall) = \frac{TP}{TP+FN}$$

⑤ 특이도(Specificity) : 실제 Negative인 대상 중 예측값과 일치하는 비율이다.

$$Specificity = \frac{TN}{TN+FP}$$

⑥ 거짓 긍정률(FP Rate) : 실제 Negative인 대상 중 잘못 예측된 비율이다. (1-특이도)

$$FP\ Rate = \frac{FP}{TN+FP}$$

⑦ F1 Score : 정밀도와 민감도(재현율)를 조화평균으로 결합한 지표로, 지표값이 클수록 정확한 모형이다.

$$F1\ Score = \frac{2}{\frac{1}{recall}+\frac{1}{precision}} = 2 \times \frac{recall \cdot precision}{recall + precision}$$

⑧ ROC Curve(Receiver Operating Characteristic 곡선)
- 가로축은 FP Rate, 세로축은 민감도(TP Rate)를 두어, 모형의 민감도가 높은 상황에서 거짓 긍정이 얼마나 적은가를 평가하는 모형이다. 즉 참 긍정과 거짓 긍정을 잘 분류하는지 평가하는 지표이다.

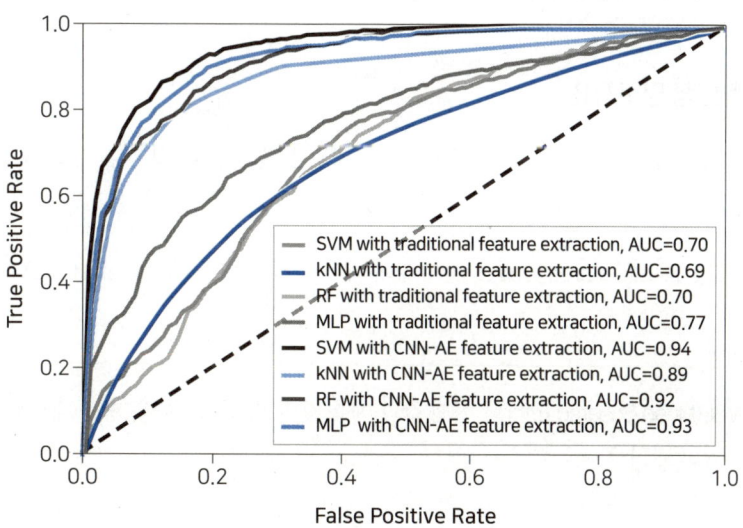

- 그래프는 좌측 상단에 근사할수록 좋은 성능을 지니며, 45도 각도에 근사할수록 거짓 긍정과 참 긍정을 제대로 구별하지 못하는 것이다.

⑨ AUC(Area Under Curve)
- ROC 곡선의 하단 면적을 뜻하며, 면적이 클수록 좋은 모형으로 평가할 수 있다. 일반적으로

AUC가 0.8 이상인 경우 우수한 모형으로 판단한다.
- AUC 값이 1인 모형이 이상적이고, 0.5에 가까울수록 성능이 좋지 않다.

⑩ 향상도 곡선(Lift Curve)
- 이익 도표(Gain Chart) 라고도 하며, 해당 분류 모델의 성능이 얼마나 향상하는가를 보여주는 곡선이다. 향상도가 빠른 속도로 감소하는 것이 좋은 모형이다.

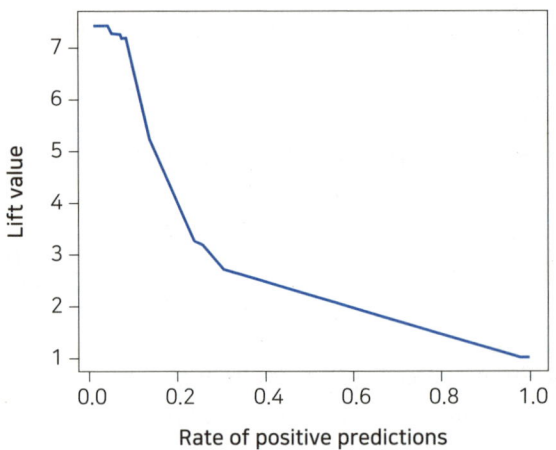

- 각 등급은 예측 확률에 따라 매겨진 순위여서, 상위 등급에서 더 높은 반응률을 보여야 좋은 모형이다. 등급별 향상도가 들쭉날쭉하면 좋은 모형이라고 볼 수 없다.

❷ 예측 모형 평가지표

- 예측 모형, 회귀 모형 등의 평가지표는 대부분 예측 값과 실제 값의 오차 정도를 기반으로 산출된다.

① SSE(Sum of Squared Error) : 실제 값과 예측 값의 차이를 제곱하여 더한 오차 제곱합이다.

$$SSE = \sum_{i=1}^{n}(y_i - \hat{y}_i)^2$$

② MSE(Mean Squared Error) : 실제 값과 예측 값의 오차 제곱합을 평균 계산한 것으로, 평균 제곱 오차라고 한다.

$$MSE = \frac{1}{n}\sum_{i=1}^{n}(y_i - \hat{y}_i)^2$$

③ RMSE(Root Mean Squared Error) : MSE에 제곱근을 씌운 값으로 평균제곱근 오차라고 한다.

$$RMSE = \sqrt{\frac{1}{n}\sum_{i=1}^{n}(y_i - \hat{y}_i)^2}$$

④ MAE(Mean Absolute Error) : '평균절대오차'라고 하며, 실제 값과 예측 값의 차이 절대값을 평균 계산한 값이다.

$$MAE = \frac{1}{n}\sum_{i=1}^{n} |y_i - \hat{y}_i|$$

⑤ MAPE(Mean Absolute Percentage Error) : '평균절대비오차'라고 하며, 실제 값에 비해 오차의 비율이 차지하는 정도를 계산한 값이다.

$$MAPE = \frac{100}{n}\sum_{i=1}^{n}\left|\frac{y_i - \hat{y}_i}{y_i}\right|$$

⑥ 결정계수 R^2 : 자료에 대한 회귀모형의 설명력을 나타내는 값으로, 0과 1사이의 값을 가진다.

$$R^2 = \frac{SSR}{SST} = 1 - \frac{SSE}{SST}$$

⑦ 수정된 결정계수(Adjusted R^2) : 다변량 회귀 분석의 경우 독립 변수가 많으면 모형 구조상 결정계수가 높아지는데, 이를 보정하기 위한 지표이다.

$$\text{Adjusted } R^2 = 1 - \frac{SSE/(n-k-1)}{SST/(n-1)}$$

❸ 군집 모형 평가지표

> 군집 분석은 지도학습과 달리 라벨링이 없어 성능평가가 어렵다.

① 실루엣 계수(Silhouette) : 군집 내 응집도와 군집 외 분리도를 이용한 지표로, 군집 간 거리가 멀고 군집 내 밀도가 높을수록 좋은 군집으로 평가한다. 실루엣 계수가 높을수록 잘 분리된 군집으로 평가한다.

$$s(i) = \frac{b(i) - a(i)}{\max\{a(i),\, b(i)\}}$$

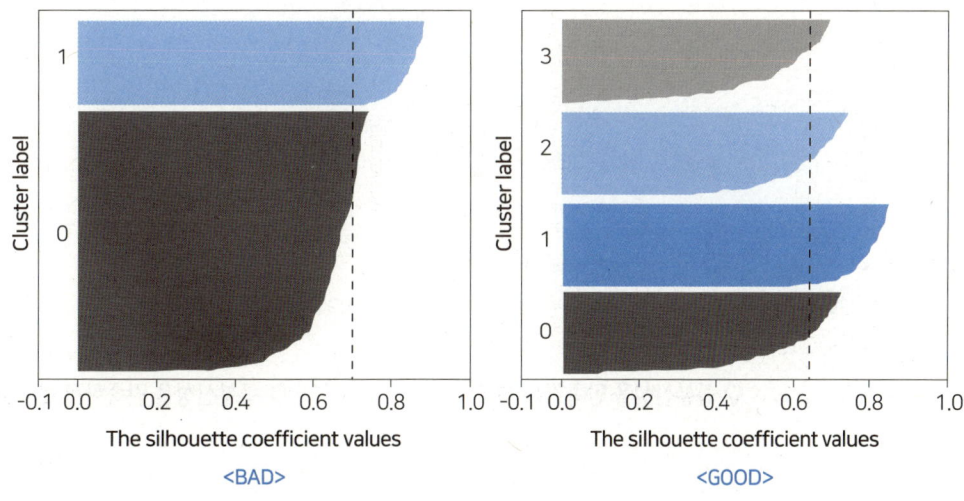

<BAD> <GOOD>

② Dunn Index : 군집 간 거리의 최소값을 분자로, 군집 내 요소 간 거리의 최대값을 분모로 하는 지표이다. Dunn Index가 높을수록 잘 분리된 모형이다.

$$Dunn\ Index(DI) = \frac{\min\{d(C_i,\ C_j)\}}{\max\{a(i),\ b(i)\}}$$

2 분석 모형 진단

- 일반적으로 통계 분석은 일련의 가정을 기반으로 분석을 하게 된다. 만약 이 가정이 맞지 않을 경우, 분석결과는 실제 분석과 괴리를 갖게 된다. '모형진단'과 '자료진단'을 통해 올바른 분석이 수행될 수 있는지 점검한다.

❶ 모형 진단(Model Diagnostics)

- 선형 회귀 분석의 경우 데이터가 선형의 가정을 만족시켜야 한다. 만약 선형의 가정을 만족시키지 못하는 경우 모형이 통계적으로 타당하여도 결과는 신뢰할 수 없다. 이 경우 '잔차분석'을 진행하여 진단한다.
- 통계 분석의 경우 데이터의 분포가 정규 분포를 따른다는 근거 하에 전개된다. 또한 회귀 분석의 경우 오차의 정규성 가정을 만족해야 한다. 이를 확인하기 위해 '정규성 검정', '적합도 검정'을 수행한다.

❷ 잔차분석(Residual Analysis)

- 잔차(Residual) 이란 관측 값과 예측 값의 차이를 말하며, 잔차의 합은 0이여야 하고 특정 패턴을 갖고 있지 않아야 한다.

① 잔차의 등분산성 검정 : 잔차 도표를 통해 검증한다.

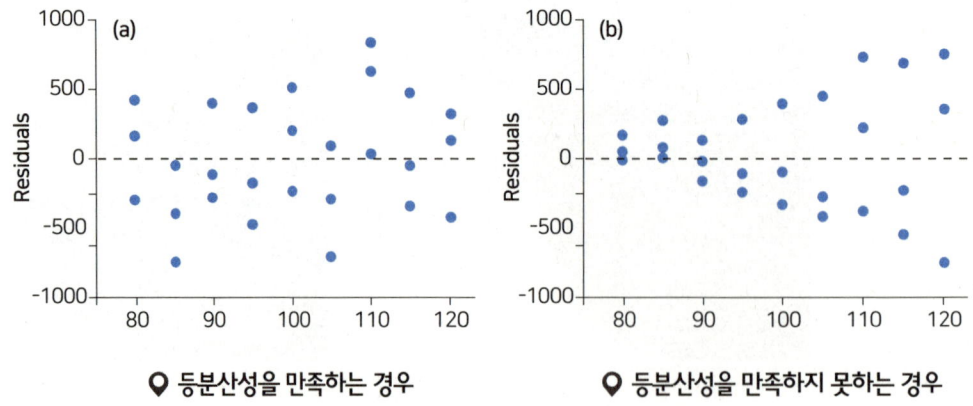

○ 등분산성을 만족하는 경우   ○ 등분산성을 만족하지 못하는 경우

② 잔차의 정규성 검정 : Q-Q Plot, Shapiro-Wilk검정, K-S(Kolmogorov-Smirnov)검정
③ 잔차의 독립성 검정 : Durbin Watson 검정

❸ 정규성 검정(Normality Test)

① Shapiro-Wilks 검정
- 데이터의 정규성을 검정하는 방법으로, 데이터가 정규분포를 따르는지 검정하는 방식이다. 일반적으로 데이터 수가 2,000개 이하의 자료에 사용한다.

② Q-Q Plot
- Q-Q Plot이란 데이터의 정규성을 잘 충족하는지 시각적으로 확인할 수 있다. 대각선 참조선을 따라 분포하면 정규성을 만족한다고 할 수 있다.

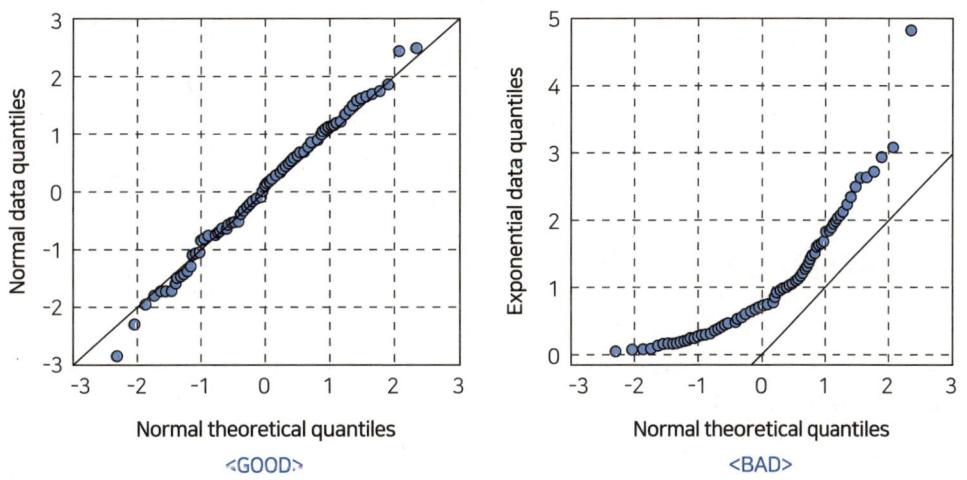

<GOOD> <BAD>

❹ 적합도 검정(Goodness of Fit Test)

- 데이터가 가정이나 특정 분포에 얼마나 잘 맞는지 검정하는 것이다. 대표적으로 정규성 검정이 있다.

① 카이제곱 검정
- 카이제곱 검정은 범주로 나눠진 관측 값과 가정된 분포 사이의 적합도를 검정한다. 특정 분포에서 범주 값의 기대 값과 실제 나온 횟수를 비교하여 검정 통계량을 구한다.

$$\sum_{i=1}^{n} \frac{(x_k - m_k)^2}{m_k}$$

② K-S(Kolmogorov-Smirnov) 적합도 검정
- 데이터가 특정한 분포를 따르는 가를 정규분포와 비교하는 검정 기법으로, 정규분포에 국한되지 않고 '두 표본은 같은 분포이다'와 같은 형태로 사용된다. 누적 분포함수의 차이를 이용하여 검정한다.

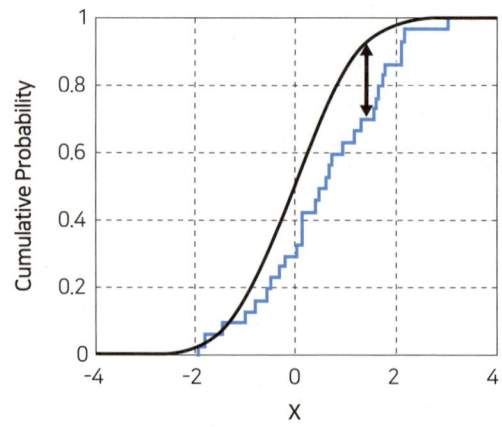

3 교차 검증(Cross Validation)

- 모형 평가에서 일반화된 모형의 성능을 평가하기 위해 사용한다. 데이터가 적을 경우 평가를 반복할 때마다 결과가 달라질 수 있기 때문에 교차검증이 필요하다.

① 교차 검증 개요

- 전체 데이터 셋은 훈련, 평가, 검증 세 가지로 분할되나, 고정적인 데이터 셋인 경우 과적합을 발생시킬 수 있다. 데이터의 비율과 학습 데이터, 평가 데이터를 다르게 하여 모델을 반복 평가하여 문제를 해결한다.
- 장점 : 모든 데이터셋을 평가에 활용할 수 있고, 모든 데이터 셋을 훈련에 활용할 수 있다. 정확도를 높이고 과대적합을 방지할 수 있다.
- 단점 : 반복 횟수로 인해 모델 학습 및 평가에 시간이 오래 걸린다.

② 홀드 아웃(Hold – Out)

- 일반적인 데이터 분할 방법으로, 데이터를 랜덤하게 훈련 데이터와 평가 데이터 두 가지로 구분한다. 여기서 다시 훈련 데이터는 훈련 데이터와 검증 데이터로 분할한다. 검증 데이터는 모델의 성능을 높이는 작업을 한다.

③ K-fold Cross Validation

- 데이터를 무작위, 혹은 규칙을 설정하여 K개의 집단으로 구분한 뒤, 한 개의 데이터 집단을 검증용 데이터셋으로 활용한다. 이를 K번 반복하여 얻은 MSE값을 최종 성과지표로 활용한다.

	Fold 1	Fold 2	Fold 3	Fold 4	Fold 5	
Split 1	Fold 1	Fold 2	Fold 3	Fold 4	Fold 5	Metric 1
Split 2	Fold 1	Fold 2	Fold 3	Fold 4	Fold 5	Metric 2
Split 3	Fold 1	Fold 2	Fold 3	Fold 4	Fold 5	Metric 3
Split 4	Fold 1	Fold 2	Fold 3	Fold 4	Fold 5	Metric 4
Split 5	Fold 1	Fold 2	Fold 3	Fold 4	Fold 5	Metric 5

Training data   Test data

④ LOOCV(Leave-one-out Cross Validation)

- 전체 N개의 데이터 중 1개의 샘플을 선택하여 평가 데이터 셋으로 검증 및 평가에 활용하고, N-1개는 모델을 학습시키는 훈련 데이터로 사용한다.

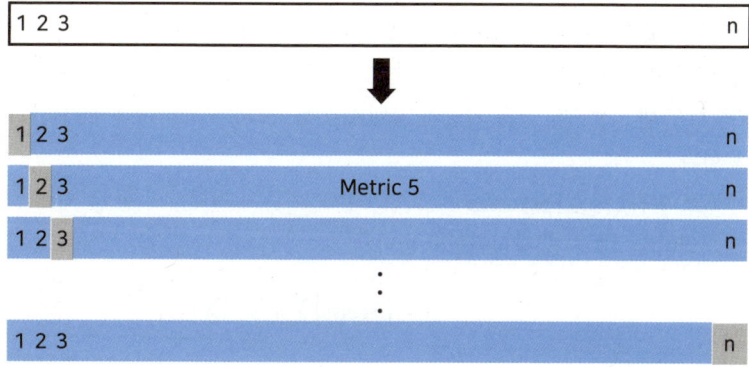

- 샘플을 p개 선택하여 평가에 활용하는 것은 LPOCV라고 한다.

Sector 2   분석 모형 개선

1 과대적합 방지

❶ 과대적합(Overfitting)

- 모델 훈련 시, 학습 데이터를 잘 학습하여 높은 성능을 보이지만, 실제 데이터를 입력할 경우 낮은 성능을 보이는 모형을 '과대적합 되었다.'고 표현한다.
- 과대적합은 모델이 지나치게 복잡할 경우 발생하며, 규제 및 정규화, 드롭아웃(Drop Out) 등을 사용하여 과대적합을 방지할 수 있다.

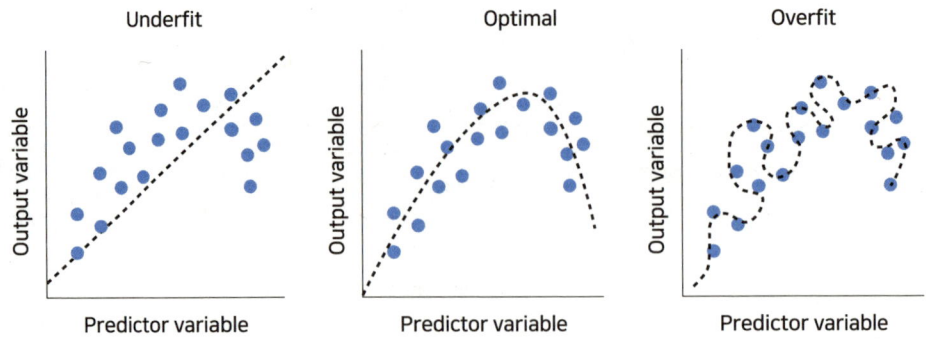

❷ 과대적합 방지

● 과대적합은 매개변수가 많거나 복잡도가 높은 모형에서 발생한다. 데이터 확보, 복잡도 감소, 가중치 규제, 드롭아웃 등을 통해 해결한다.

① 데이터 확보 : 훈련 데이터를 많이 확보한다면 과대적합을 줄일 수 있다.
② 복잡도 감소 : 은닉층의 깊이를 줄이거나, 의사결정나무의 가지치기를 통해 모형을 일반화한다.
③ 가중치 규제 : 정규화 같은 가중치 규제를 통해, 오차가 포함된다고 하더라도 모형이 일반화되도록 한다.

   (가) 라쏘 회귀(Lasso Regression) : 회귀모형에 '가중치 절대값의 합'을 최소화하는 제약식을 추가한 기법이다. L1 규제 방식이라고 한다.

$$\omega = argmin\left[\sum_{i=1}^{n} e_i^2 + \lambda \sum_{i}^{m} |\omega_j|\right]$$

   (나) 릿지 회귀(Ridge Regression) : 회귀모형에 '가중치들의 제곱합'을 최소화하는 제약식을 추가한 기법이다. L2 규제 방식이라고 한다.

$$\omega = argmin\left[\sum_{i=1}^{n} e_i^2 + \lambda \sum_{i}^{m} \omega_j^2\right]$$

④ 드롭아웃(Drop Out)
● 신경망 모델의 복잡도가 증가하는 경우, 일부 뉴런을 삭제하여 학습시키는 방법이다.

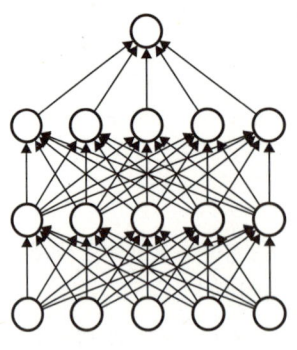
(a) Standard Neural Net

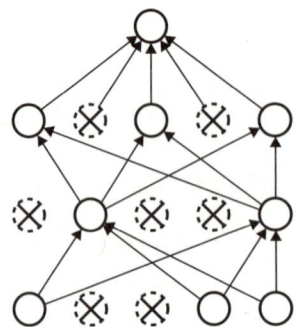
(b) After applying dropout

- 드롭 아웃 비율에 따라 뉴런을 무작위로 삭제하여 신호를 전달하지 않는다. 학습 시간이 오래 걸리는 단점이 있으며, 신경망에서만 활용한다.
- 초기 드롭아웃(DNN), 공간적 드롭아웃(CNN), 시간적 드롭아웃(RNN) 등이 있다.

2 매개변수 최적화(Parameter Optimization)

- 매개변수란 모형 내에서 학습과정을 통해 갱신되는 값이다. 매개변수 최적화란 예측 값과 실제 값의 차이를 최소화하는 매개변수(가중치, 편향)을 찾아가는 과정이다.

❶ 최적화 기법의 종류

① 경사 하강법(Gradient Descent)
- 경사 하강법은 매개변수 최적화의 가장 기본이 되는 방식으로, 미분을 통해 가장 최적의 값을 찾아가게 된다.

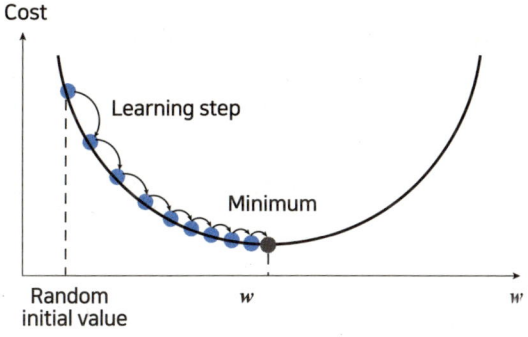

$$W \leftarrow W - \eta \frac{\delta L}{\delta W}$$

W : 갱신할 가중치, η : 학습률(Learning Rate), $\frac{\delta L}{\delta W}$: 손실함수의 기울기

- 기울어진 방향으로 매개 변수 값을 갱신하며 최적의 값에 다가가는 것을 '경사 하강법'이라고 한다.
- **학습률(Learning Rate)** : 학습률이란 모형이 한 번에 갱신하는 양을 의미한다. 학습률이 크면 학습폭이 커져 최적해를 찾지 못할 수 있다.

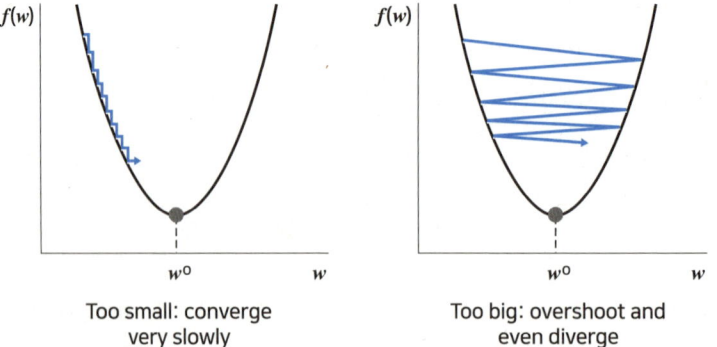

- BGD(Batch Gradient Descent) : Batch란 데이터 뭉치, 한 번에 처리하는 데이터 수를 말하며, 전체 데이터 셋을 하나의 배치로 보고 전체의 미분값을 평균하여 갱신하다. 배치 경사 하강법은 한 스텝에 모든 데이터 셋을 사용해 속도가 느리지만, 연산 횟수가 적은 장점이 있다.
- SGD(Stochastic Gradient Descent) : 전체 데이터 중 일부를 무작위로 선택하여 갱신한다. 갱신 폭이 불안정하며 속도가 빠른 장점이 있다.

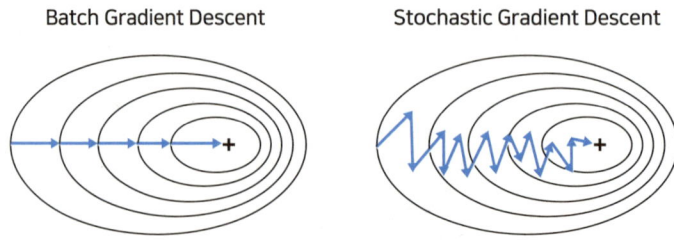

② 모멘텀(Momentum) 기법
- 모멘텀이란 기울기 방향으로 힘을 받으면 물체가 가속되는 물리 알고리즘으로 이를 적용한 경사 하강법을 말한다. 마치 중력가속도가 적용된 것처럼 공이 굴러가는 형태를 띠게 된다.

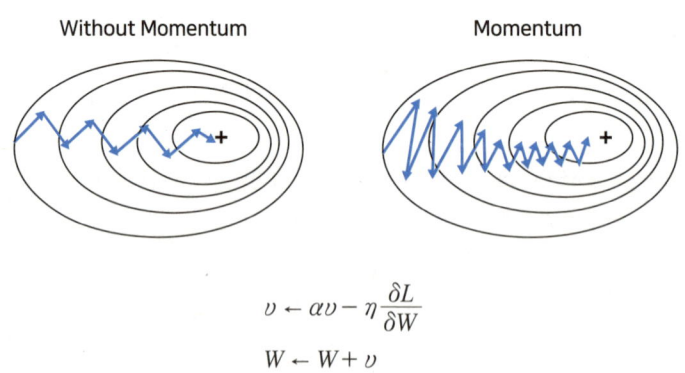

$$v \leftarrow \alpha v - \eta \frac{\delta L}{\delta W}$$
$$W \leftarrow W + v$$

α : 하이퍼 파라미터, v : 속도 변수

③ AdaGrad(Adaptive Gradient)
- 갱신 상태를 적응하여 학습률을 조정하면서 진행하는 방식이다. 가중치가 이전에 갱신된 크기에 맞게 학습률이 조정된다.
- 초기에는 큰 폭으로 움직이나, 갱신이 반복될 수록 강도가 약해서 안정적으로 수렴할 수 있다.

④ Adam(Adaptive Moment Gradient)
- 모멘텀 방식과 AdaGrad를 합친 방식으로, 가속도와 학습률 조정을 동시에 적용한 알고리즘이다. 실제로 성능이 좋아 많이 사용되고 있다.

❷ 하이퍼 파라미터(초매개변수) 최적화

- 초매개변수, Hyper Parameter란 모형이 아닌 사람이 직접 설정하는 매개변수로 뉴런의 수, 배치 크기, 학습률, 은닉층(Hidden Layer) 수, Epoch(훈련 반복 횟수) 등이 있다.

3 분석모형 융합

- 단일 모델 보다 복수 모델을 사용하여 더 나은 성능을 기대하는 모형이다. 대표적인 방법으로 앙상블, 배깅, 랜덤 포레스트가 있다.

❶ 부트스트랩(Bootstrap)

- 랜덤 복원 샘플링으로, 관측치들에 대한 학습을 일반화하기 위해 다양한 샘플을 추출하여 반영하기 위한 샘플링 기법이다.

❷ 배깅(Bootstrap Aggregating)

- 부트스트랩 기반의 샘플 집단을 생성한 뒤, 각각의 샘플로부터 계산된 결과를 앙상블하여, 집계된 결과를 최종 결과로 선택하는 기법이다. 대표적으로 Majority Voting (다수결 투표) 방식을 사용한다. 병렬 학습 형태이다.

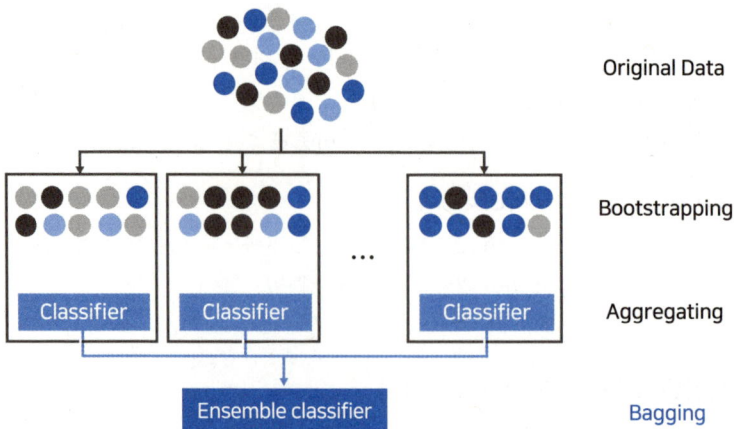

❸ **부스팅(Boosting)**

- 부스팅이란 이전 모델의 학습 결과를 다음 학습에 반영하여 점차 강력한 분류기를 만들어가는 기법이다. 여러 번의 학습을 거치면서 가중치를 조절하여 학습 성능을 강화시키는 직렬 학습 형태이다. 대표적으로 GBM 모델이 있다.

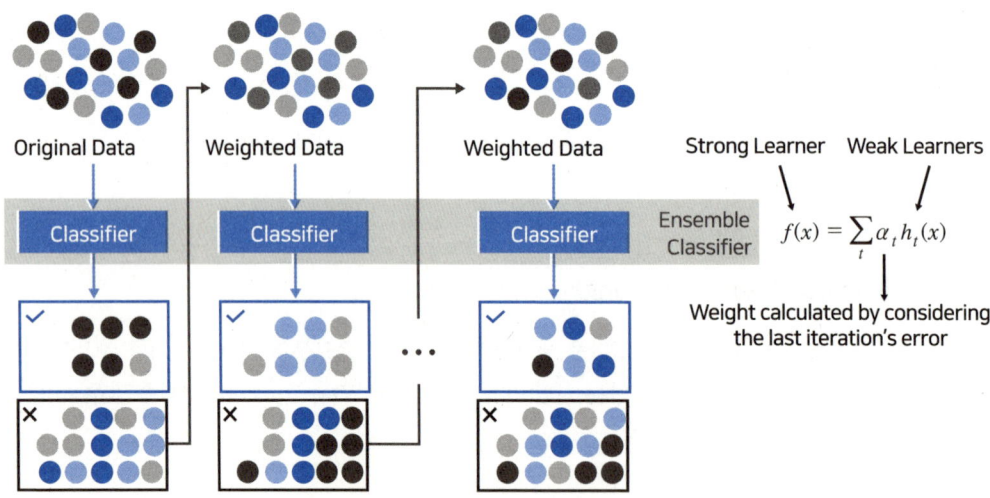

❹ **랜덤 포레스트(Random Forest)**

- 의사결정 나무 알고리즘에서 파생된 모델로, 부트스트랩 기반의 샘플링을 활용하여 여러 개의 의사결정 나무를 생성한다. 이후 배깅을 거쳐 앙상블 학습을 하여 숲 모양을 이루게 되는데 이를 랜덤 포레스트라고 일컫는다.

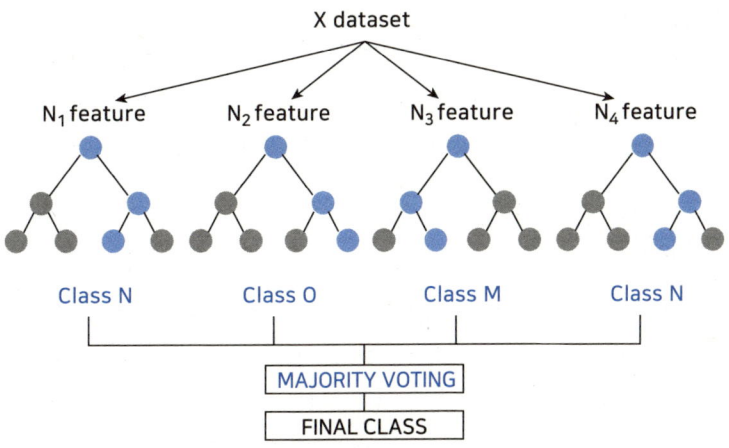

❺ 앙상블(ensemble)

- 여러 모델을 학습시켜 결합 및 집계한 결과를 사용하는 기법이다. 일반화 성능을 향상시켜 과적합을 방지할 수 있다.
- 투표 방식
  ① 직접 투표 : 개별 모형의 결과 중 다수를 집계하여 결정
  ② 간접 투표 : 각 모델의 예측 값, 결과 통계량 등을 평균 집계하여 결정

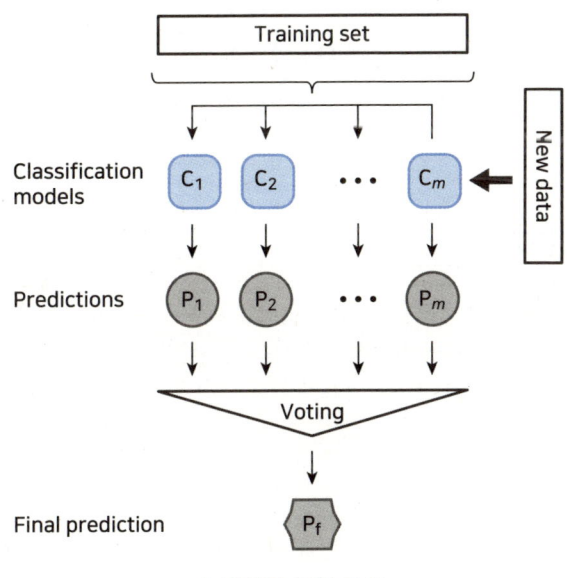

📍 앙상블 모형 도식

4 최종모형 선정

- 모형 선정은 매개변수의 최적화와 모델 학습이 완료되면 학습 결과를 검토하여 최종 모형을 선정한다. 성능이 무조건 좋다고 하여 최종 모형으로 선정하지 않는 것에 주의한다.

❶ 모형 평가 기준

- 기법별로 적절한 성능 평가지표를 선정하여 고려한다. 정확도뿐만 아니라 재현율과 같이 분석 상황에서 우선순위를 두어 지표를 평가한다. 지표들 간의 Trade-Off 관계를 고려하여 모형을 선정한다.

분류형 모델	분류 정확도
	평균 오차율
	오류 재현율
설명형 모델	집도 소속률
	밀도 및 군집도
텍스트 마이닝	텍스트 매칭률
	문서 분류율

- **성능이 좋다고 하여도 실제 운영 환경에 적절치 않거나, 해석이 중요한 상황에서 해석이 불가능한 모형도 있다.** 컴퓨팅 복잡성, 해석 편이성, 예측 용이성, 컴퓨팅 자원 등을 고려하여 모형을 선정한다.

❷ 챔피언 모델 등록

- 검토를 거친 후 최종 모형을 선정하면, 이를 챔피언 모델로 등록한다. 모델 개선과 업데이트, 모니터링을 통해 해당 모형을 교체하거나 지속 사용한다.

Chapter 2. 분석 결과 해석 및 활용

Sector 1 분석 결과 해석

1 분석 모형 해석

> 분석 모형에 대한 해석이란, 분석 유형 자체에 대한 이해를 필요로 한다. 알고자 하는 질문 유형에 어떤 분석 모델링이 적합한지 해석하는 과정이다.

❶ 분석 해석 유형

① 서술적 분석
- 질문 : 무슨 일이 발생하였는가? (탐구적 분석, 이상 탐지)
- 설명 : 데이터를 통해 현재 무슨 일이 일어나고 있는지 분석
- 분석 모형 : 상관 관계, 회귀 분석, 확률 분포

② 진단 분석
- 질문 : 어떻게, 왜 발생하였는가? (실험적 분석, 원인 분석)
- 설명 : 발생한 이유, 경위를 찾는 분석
- 분석 모형 : 군집 분석, 다중 회귀, 요인 분석, KNN, 주성분 분석

③ 예측 분석
- 질문 : 무슨 일이 발생할 것 같은가? (예측 분석)
- 설명 : 데이터를 통해 무슨 일이 발생할 것인지 예측하는 분석
- 분석 모형 : 시계열 분석, 의사결정나무, 앙상블, 부스팅, SVM, 인공신경망, 나이브 베이즈 등

④ 규범 분석
- 질문 : 최선의 대응은 무엇인가, 필요한 조치는 무엇인가? (실시간 대응, 개인추천, 최적화)
- 설명 : 최적해를 도출하고, 즉각적인 대응 방안을 도출하는 분석
- 분석 모형 : 몬테카를로 시뮬레이션, 시나리오 분석, 비선형 프로그래밍

❷ **데이터 시각화** (※ 자세한 내용은 PART2 데이터 탐색의 다변량 데이터 탐색 Sector에 기재되었습니다.)

- 시각화는 빅데이터에 대한 이해를 효율적으로 돕기 위한 도구로, 도형 등 그래픽 요소를 활용하여 데이터를 표현하는 과정이다.

① 시각화의 기능
- 설명 : 시각화를 통해 전달하려는 메시지와 결과를 설명할 수 있다.
- 탐색 : 데이터의 숨겨진 관계와 패턴을 시각적 분석을 통해 알 수 있다.
- 표현 : 예술적 표현을 통해 스토리 전달과 주목을 끌 수 있다.

② 데이터의 시각적 차원과 구성
- 크기 : 면적을 통해 데이터의 대소비교, 양을 알 수 있다.
- 색상 : 색상을 통해 규칙성과 특이성을 알 수 있다.
- 위치 : 객체 간의 거리나 지도 위에 데이터를 표현할 수 있다.
- 네트워크 : 객체 간의 관계나 데이터 노드(Node)의 표현이 가능하다.
- 시간 : 시간을 축으로 사용하여 시간 순서에 따른 표현이 가능하다.
- 다중 표현 : 크기, 색상, 수치를 혼합하여 다차원의 데이터 표현이 가능하다.

③ 시각화 유형
- 시간 시각화 : 막대 그래프, 산점도, 선 그래프, 계단 그래프
- 분포 시각화 : 파이차트, 도넛 차트, 트리맵
- 관계 시각화 : 산점도, 버블차트, 히스토그램
- 비교 시각화 : 체르노프 페이스, 평행좌표 그래프, 히트맵, 레이더 차트, 막대 그래프
- 공간 시각화 : 등치선도, 카토그램, 코로플레스 맵

AARONSON,L.H.　　ALEXANDER,J.M.　　AREMENTANO,A.J.　　BERDON,R.I

📍 체르노프 페이스

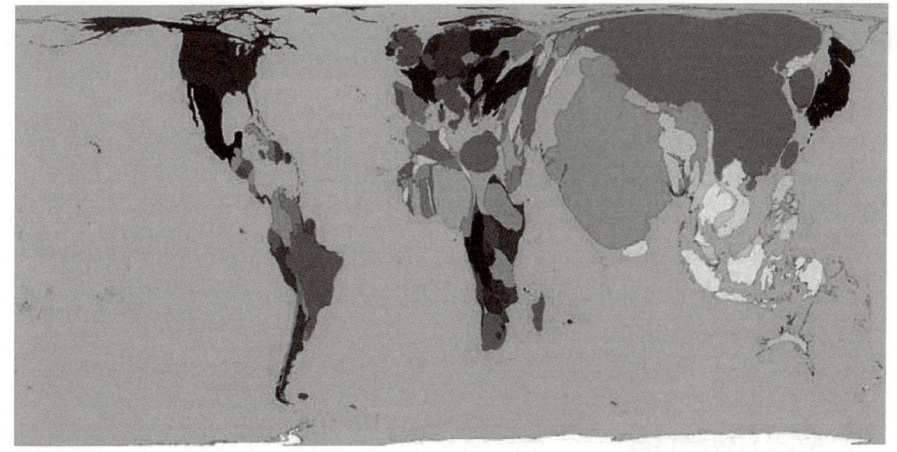

◉ 카토그램 맵

④ 시각화 절차
- 구조화 : 데이터 수집, 패턴 도출, 전처리 하여 시각화 목표를 설정한다.
- 시각화 : 툴에서 제공하는 분석 도구나 그래프를 통해 시각화 한다.
- 시각표현 : 별도 그래픽 요소를 추가하여 인터랙션 디자인을 구현한다.

2 비즈니스 기여도 평가

- 비즈니스 기여도란 데이터 분석을 활용하여 실질적으로 얻는 비즈니스 효과를 말한다. 기업의 데이터 분석 목적은 사실상 관찰, 진단 분석, 이상 탐지, 실시간 대응, 예측, 최적화 6가지로 구분된다.

- 기여도 평가 방법
  ① 총 소유비용(TCO : Total cost of ownership) : 자산을 소유하기 위해 드는 총 비용
  ② 투자대비 효과(ROI : Return of investment) : 비용 투자 대비 실제 받는 이익
  ③ 순현재가치(NPV : net present value) : 투자비용, 이익 등의 모든 요소를 고려하여 미래 시점의 순이익 규모를 현재 가치로 환산한 가치
  ④ 내부수익률(IPR : internal rate of return) : 기대 수익 규모
  ⑤ 투자회수기간(PP : Payback Period) : 초기 투자비용을 회수하여 흑자전환 까지의 시간

Sector 2 분석 결과 시각화

1 인포그래픽(Infographics)

- 인포메이션(Information) + 그래픽(Graphics)의 합성어로 그래픽 기술을 활용하여 핵심 정보를 전달하는 메시지다. 정보를 구체적, 실용적으로 전달하며 스토리텔링이 가능한 점에서 기존 도표, 그래프 시각화와 구별된다.

❶ 인포그래픽 유형 및 특징

- 인포그래픽은 '정보형'과 '설득형' 두 가지 유형으로 구분된다. 전달과정에서 자료가 와전될 가능성이 적어 온전한 전파가 가능하다.

① 정보형
- 다양한 정보의 다차원적, 효과적 전달을 목적으로 한다.

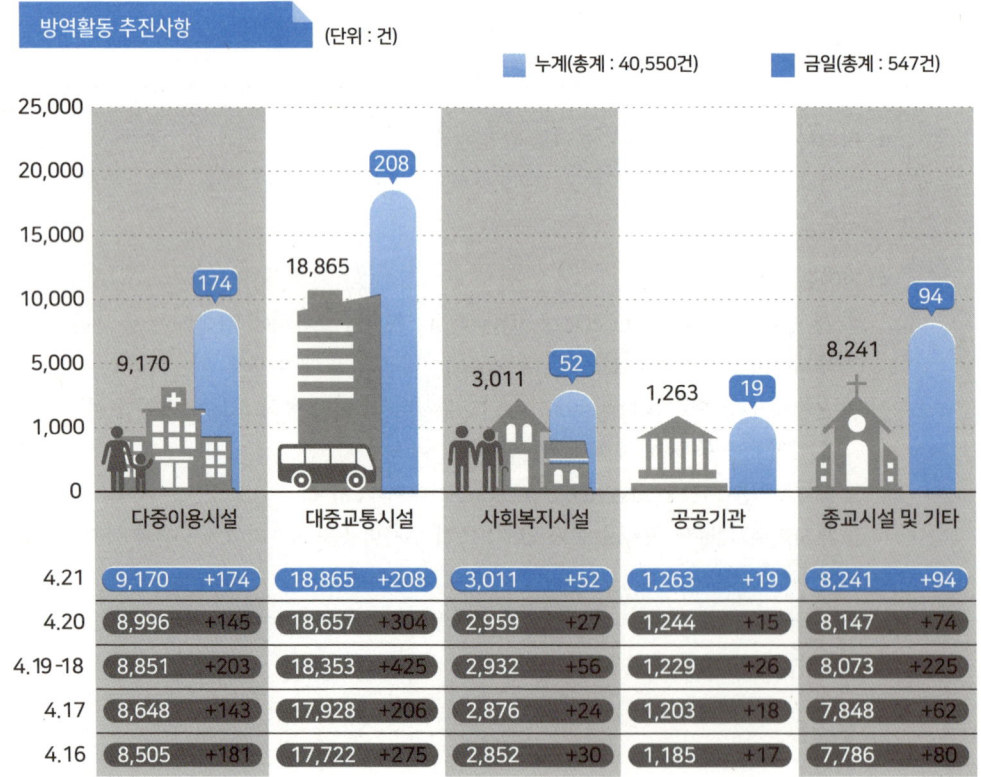

② 설득형
- 객관적 정보와 더불어 주장하고자 하는 바를 인상적인 그래픽 효과를 활용하여 전달한다.

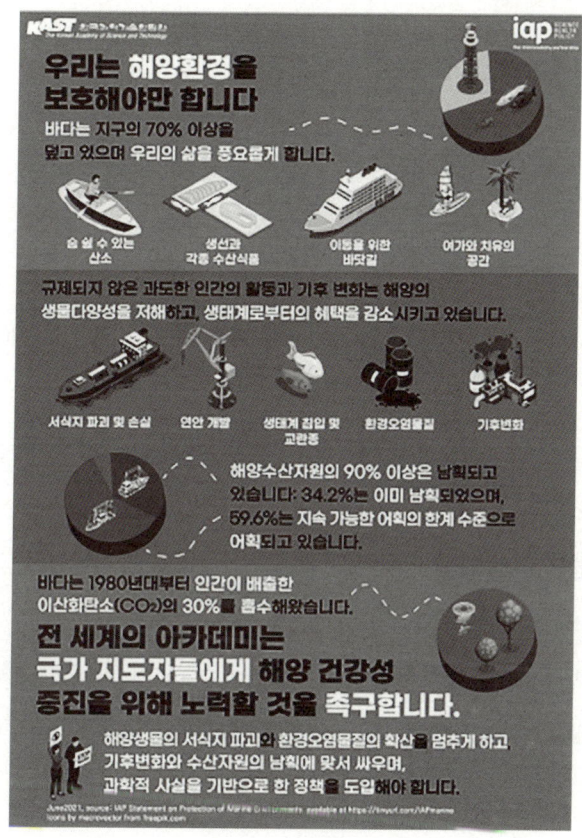

❷ 인포그래픽 전달 방식

지도형	도표형	타임라인형
매장 분포, 국가별 현황	다차원 데이터	인물, 기업, 약력, 역사
스토리텔링형	비교분석형	만화형
기업정보, 뉴스	제품 비교, 효과 비교	심리, 행동, 정보, 풍자

Sector 3 분석 결과 활용

1 분석 모형 전개

> 최종 모형 선정이 완료되면, 완성된 모형을 실제 업무로 적용하기 위한 전개 과정을 진행한다.

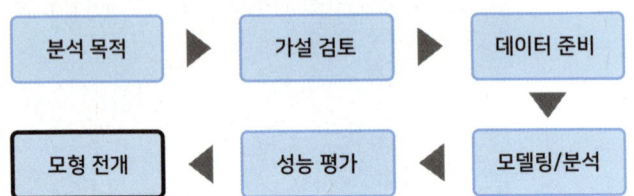

❶ 분석 모델 배포의 장애물

- 분석 모델을 비즈니스에 활용하기 위해서 운영 시스템과의 통합 및 적용이 필요하다. 그러나 개발계와 운영계의 서로 다른 환경과 프로세스 단절로 인해 배포에는 해결해야 할 여러 문제가 있다.

① 상이한 환경 : 모형 개발에 사용된 언어는 운영계에서 일반적으로 사용하는 언어가 아니기 때문에, 언어 변환 작업이나 호환이 필요하다. 실제 유저를 고려한 추가적인 인터페이스 개발도 필요하다.
② 저장소 부재 : 모델 개발 이력이나, 방대한 양의 데이터 및 분석 이력을 저장할 수 있는 공간의 부재로 효율적인 유지보수와 관리가 어렵다.
③ 성능 모니터링 부재 : 실제 운영 중의 이슈나 새로운 데이터에 맞춘 성능 개선과 유지보수가 필요하다.
④ 규제 사항 : 개인정보 규제나 다양한 산업 내 규제로 인해 실제 사용에 어려움을 겪는다.

❷ 모델 운영 시스템 적용

- 운영 시스템에 적용할 모듈을 결정하여 데이터 전달 방법, 운영 방식 등을 결정한다. 배치 시스템, 온디맨드 시스템, 실시간 모니터링 등 모형과 운영시스템을 통합하여 결정한다.

2 분석 결과 활용 시나리오 개발

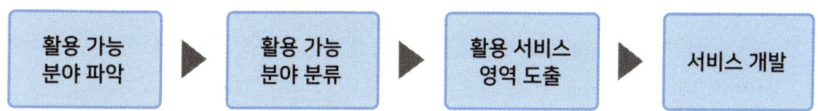

① 활용 가능 분야 파악

- '가치사슬 모형' 방법론을 통해 활용 가능한 분야를 발굴한다. 해당 업무와 연결된 가치 사슬 활동을 연결하여 파생활용 가능한 분야를 찾을 수 있다. '직접 활용 분야 도출'과 '파생 활용 분야 도출'로 나뉜다.

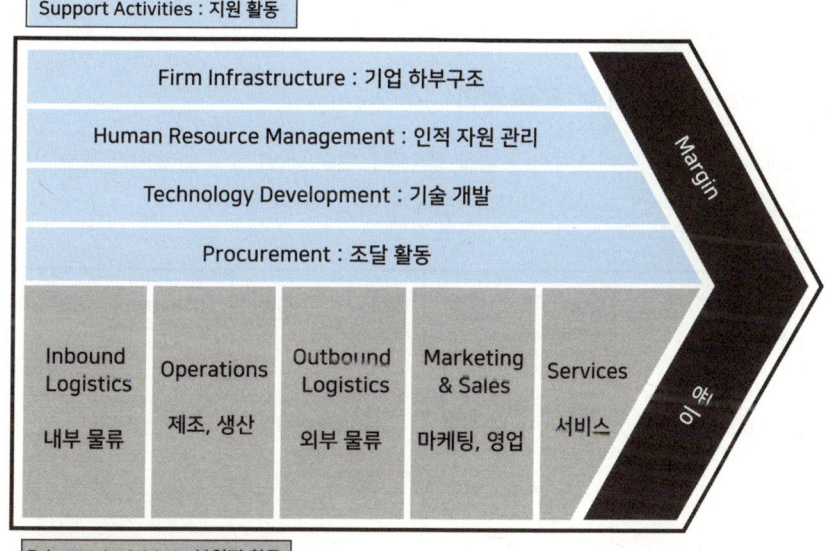

② 활용 가능 분야 분류

- 활용 가능한 분야들이 발굴되었다면, 해당 분야들을 성질에 맞게 분류한다. 마인드맵이나 피라미드 구조 같은 기법을 이용하여 유사한 업무 활동끼리 묶어 분류한다.

③ 활용 가능 서비스 영역 도출

- 활용 가능한 분야에 대해 가치 사슬 관점에 재구성하여 매핑한다. 직접 활용 가능한 서비스 영역과 파급 활용 가능한 서비스 영역을 구분한다.

④ 분석 서비스 모델 개발

① 제공 가치 기반(Value Based) : 제공 가치를 통해 사용자를 정의하고 새로운 서비스를 개발하는 방식이다. 데이터 분석을 통해 현재 서비스를 개선할 수 있는 경우 적합하다.
② 사용자 정의 기반(User Based) : 사용자를 정의한 후 제공 가치를 발굴하여 서비스를 개발하는 방식이다. 데이터 분석을 통해 새로운 사용자를 발굴하고자 할 때 적합하다.
③ 서비스 품질의 제공 가치 : 반응성, 공감성, 확신성, 유형성, 신뢰성

⑤ 빅데이터 비즈니스가 실패하는 경우

① 빅데이터 분석 목적과 서비스 목적이 불분명한 경우
② 분석 결과를 활용할 사용자나 활용 방안이 불명확한 경우
③ 분석 대상 데이터의 품질이 좋지 않은 경우
④ 분석 모델에 대한 정의 없이 인프라를 먼저 도입한 경우

⑥ 분석 서비스의 비즈니스 모델 정의

- 새로운 서비스의 비즈니스 모델을 정의하는데 '비즈니스 모델 캔버스'를 이용할 수 있다. 가치가 창출되는 것부터 고객에 전달되는 단계까지 도식화한 설계도이다.

Key Partners	Key Activities	Value Proposition	Customer Relationships	Customer Segments
생산 또는 판매를 위한 협력 파트너	핵심 비지니스 활동	고객에게 가치를 제공하는 제품 및 서비스	고객관계 방안	목표 고객
	Key Resources		Channels	
	핵심 비지니스 자원		영업, 판매, 서비스 채널	

Cost Structure	Revenue Streams
주요 비용 항목과 원가구조	수익 창출 방안

3 분석 결과 보고서 작성

> 보고서는 최종 보고서뿐만 아니라 단계별로 작성되어야 한다.

분석 보고서 유형

분석 보고서 유형	
프로젝트 계획서	데이터 분석 목표 정의
	일정, 자원 배분 계획서
데이터 탐색 보고서	데이터 수집 대상
	후보 변수 선정
	가설별 유의성 검정
모델링 및 검증 보고서	모델링 및 실험계획 방안
	모델링 개발 스크립트
	모형 비교 검증 내용
중간 및 최종 보고서	분석 결과 보고서
	변수들 간 유의성
	분석 결과 시각화
성능 보고서	챔피언 모델 성능 보고서
운영 보고서	인터페이스 개발 보고서
	유지보수 보고서
	분석 모델 교육 보고서

4 분석모형 모니터링

- 빅데이터 분석은 지속적인 모니터링과 유지보수가 매우 중요하다. 빅데이터 특성상 최근 급변하는 비즈니스 동향과 고객들의 니즈를 파악하는 것이 요구된다.

❶ 분석 모형 모니터링 척도

① 추적 지표(Tracking Signal)
- 예측이 목적인 모델의 경우, 오차를 추적하여 예측 오차가 점점 증가하는지, 혹은 감소하는지 모니터링 해야 한다. 일반적으로 '추적 신호(Tracking Signal)'을 이용하여 예측 오차를 추적한다. 상/하한 기준을 넘으면 현 시점에 알맞게 모형을 재평가하여 수정해야 한다.

$$TS = \frac{\sum_{i=1}^{n} e_i}{\frac{\sum_{i=1}^{n} |e_i|}{n}}$$

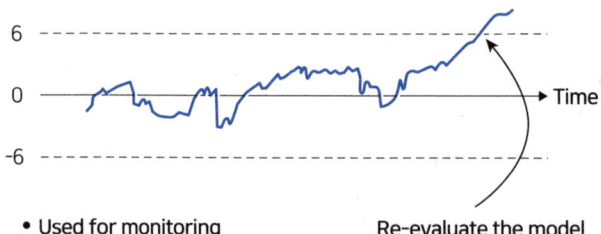

- Used for monitoring　　Re-evaluate the model

② 평균제곱오차(MSE) 외 예측모형 평가지표
- 연속형 변수를 모니터링 하는 경우 평균제곱오차(MSE)와 같은 예측 모형 평가 지표로 모니터링한다.
- MSE(Mean Squared Error) : 실제 값과 예측 값의 오차 제곱합을 평균 계산한 것으로, 평균 제곱 오차라고 한다.

$$MSE = \frac{1}{n}\sum_{i=1}^{n}(y_i - \hat{y_i})^2$$

❷ 측정 항목별 영향 요소

- 모니터링을 측정하기 위해, 항목별로 영향을 미치는 요인을 고려하여 측정방법을 적용한다.

① 응답 시간(Response Time) : 정보 처리 성능, 네트워크 처리 용량
② 사용률(Utilization) : 네트워크 자원 사용량
③ 가용성(Availability) : HW 및 SW 장애, 운영자 실수, 장비 및 서비스 접근성
④ 정확성(Accuracy) : 환경 설정 오류, 데이터 이상치, HW 장애

5 분석모형 리모델링

- 분석 모델에 대한 모니터링 단계에서 성능이 일정 수준 이상 오차가 심해지는 경우, 리모델링을 수행한다. 또한 비즈니스의 상황 변화나 트렌드에 대응하기 위해 주기적으로 리모델링이 필요하다.

❶ 모형 리모델링 주기

- 일반적으로 분기, 반기, 연 단위로 수행된다. 특수 분야의 경우 일, 주단위로 진행되기도 한다.

① 데이터 마이닝 – 분기별 : 동일한 데이터 또는 변수를 추가하여 리모델링한다.
② 시뮬레이션 – 반기 : 패턴 변화, 시간 지연, 리소스, 큐잉 우선순위 등을 처리한다.
③ 최적화 – 연 단위 : 목적함수, 비용함수 조정이나 제약조건을 추가한다.

❷ 모형 리모델링 고려사항

① 데이터 마이닝 : 최신 데이터 적용 및 변수 추가하여 재학습
② 시뮬레이션 : 업무 KPI 변경, 시스템 규칙, 발생 이벤트에 대한 성능을 평가하여 재조정
③ 최적화 : 조건 및 가중치 변화 시 값 조정 및 제약 조건 고려

❸ 모형 리모델링 방안

- 성능 저하는 재학습, 수정 교체 세 가지 방안을 통해 개선할 수 있다.

① 재학습 : 최신 동향이 반영된 신규 데이터를 통해 모델 재학습
② 수정 : 새로운 알고리즘, 파라미터 수정
③ 교체 : 다른 분석 방법으로 교체

❹ 개선용 데이터 선정 기준

① 데이터 활용도 : 해당 데이터가 얼마나 활용되고 있는지
② 데이터 변경도 : 데이터의 주기적 변경과 업데이트 정도
③ 신규 영향 데이터 : 목적에 맞는 신규 데이터가 있는지 검토
④ 데이터 오류율 : 기존 데이터에 대한 오류가 있는지 점검

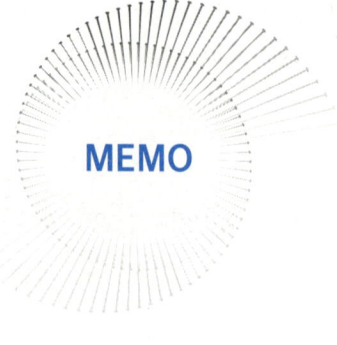

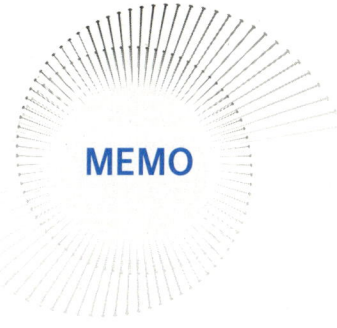

MEMO

최단기 빅데이터 분석기사 필기 이론편   ISBN 979-11-986409-7-0

- 발행일 · 2021年 8月 20日 초판 1쇄
  2022年 5月 20日 2판 1쇄
  9月 8日 2쇄
  2024年 2月 19日 3판 1쇄
- 발행인 · **이용중**
- 저 자 · **훈쌤**
- 발행처 · **(주)배움출판사**
- 주 소 · 서울시 영등포구 영등포로 400 신성빌딩 2층 (신길동)
- 주문 및 배본처 · Tel : 02) 813-5334 Fax : 02) 814-5334

본서는 저작권법 보호대상으로 무단복제(복사, 스캔), 배포, 2차 저작물 작성에 의한 저작권 침해를 금합니다.
또한 저작권법 제136조에 따라 5년 이하의 징역 또는 5천만 원 이하의 벌금에 처하거나 이를 병과할 수 있으며,
저작권법 제125조에 따라 1억 원 이상의 손해배상책임이 발생할 수 있습니다.

저작권 침해 제보: 이메일 baeoom1@hanmail.net, 전화 02) 813-5334

정가 14,000원